新悦 遇见智识与思想

假如
地球是个甜甜圈
——35个看似荒诞的科学问题

Et si la Terre était plate ?
35 questions de science
pas si absurdes que ça

［法］勒内·屈耶里耶
（René Cuillierier）
作品

范鹏程
译校

"甜甜圈"星球也许是个有趣的地方，
但是去玩玩就好了，千万不可久留！

中国社会科学出版社

图字：01-2017-8794号
图书在版编目（CIP）数据

假如地球是个甜甜圈：35个看似荒诞的科学问题／（法）勒内·屈耶里耶著；范鹏程译校．—北京：中国社会科学出版社，2018.9
ISBN 978-7-5203-2727-5

Ⅰ．①假⋯　Ⅱ．①勒⋯ ②范⋯　Ⅲ．①科学知识－普及读物　Ⅳ．①Z228

中国版本图书馆CIP数据核字（2018）第140676号

Originally published in France as:
Et si la Terre était plate? By René Cuillierier
© Editions Belin/Humensis, 2016
Current Chinese translation rights arranged through Divas International, Paris
巴黎迪法国际版权代理 (www.divas-books.com)
Simplified Chinese translation copyright 2018 by China Social Sciences Press.
All rights reserved.

出版人	赵剑英
项目统筹	侯苗苗
责任编辑	侯苗苗
责任校对	周晓东
责任印制	王　超

出　版	中国社会科学出版社
社　址	北京鼓楼西大街甲158号
邮　编	100720
网　址	http://www.csspw.cn
发行部	010-84083685
门市部	010-84029450
经　销	新华书店及其他书店

印刷装订	环球东方（北京）印务有限公司
版　次	2018年9月第1版
印　次	2018年9月第1次印刷

开　本	880×1230　1/32
印　张	8.375
字　数	181千字
定　价	59.00元

凡购买中国社会科学出版社图书，如有质量问题请与本社营销中心联系调换
电话：010-84083683
版权所有　侵权必究

黑洞一点儿都不黑！

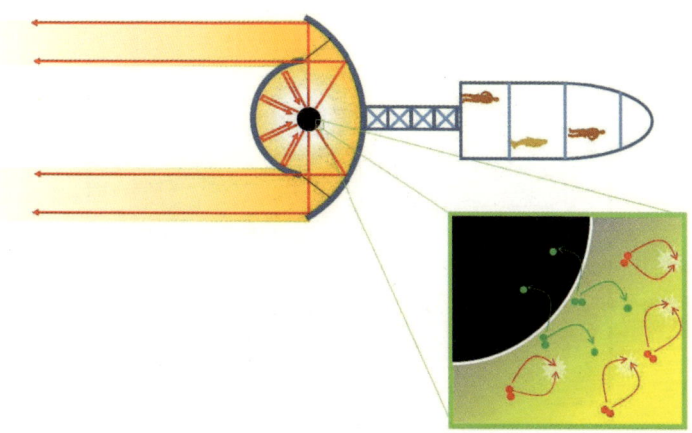

因为根据量子物理——研究物质世界微观粒子行为的学说——真空并不空！真空中一直会有成对粒子出现（粒子和它的反粒子），这两个粒子分别做不规则运动，但它们很快便聚到一起，然后一同毁灭（红色路径）。因此在日常生活中，它们几乎可以忽略不计，但是在靠近黑洞视界的地方就完全不一样了：两个粒子中的一个可能从视界的后面消失，这样另一个就自由了（绿色）。物理学家斯蒂芬·霍金认为，黑洞就好像正在炽烈燃烧的物体一样发亮。一个40万吨的黑洞可以达到300万亿摄氏度！如果我们把50万吨的黑洞放在凹面镜前，它的光通量产生的推力将是阿丽亚娜火箭的100倍！

显示器该怎么做呢？

在计算机显示器上，所有的图像都可以分解成若干"像素"，像素可以是红色、蓝色、绿色（这三种颜色能够合成任何颜色）或黑色。我们可以将能够旋转的小木块涂上这四种颜色，制成"木脑"的显示器。接下来我们只需要向每个木块发出适当的脉冲数，使它们露出我们想要的颜色就可以了。当然，要确保这种方法准确无误，我们的"木脑"首先得记得每个木块的上一个位置是什么颜色。但这也不是什么大问题，因为计算机本身就有这样的特性：它们的每一个动作不仅取决于接到了什么新的指令，而且还要以上一步的操作结果为基础。

五小时看完地球生命史

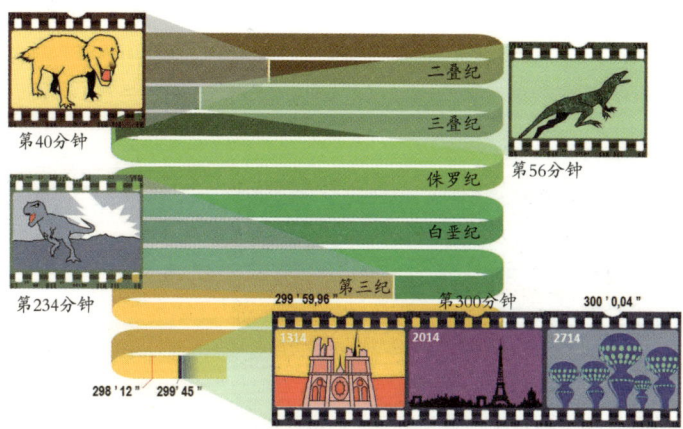

想象我们将地球的生命史拍成了一部电影,电影中的一分钟就是现实中大约一百万年。这部电影的胶片长达二十几千米,但人类的镜头只有几米,这还是把人类灭绝后遗迹存在的时间都算了进去!

第40分钟:犬齿兽次亚目出现,这是一种长着犬齿、没有耳朵的猎獾犬,是包括人类在内所有哺乳动物的祖先。

第56分钟:兔鳄属出现,这是恐龙的祖先。它的后代在接下来的三个小时都是地球的王者。

第234分钟:一颗陨石结束了恐龙时代,由单孔亚纲进化而来的现代哺乳动物重新成为世界的主宰。

第299分45秒:人类出现。

第300分钟:假如今天的人类文明能够在影片中出现,那么它的上一幕应该是中世纪巴黎圣母院快要建成的时候,它的下一幕会是一个完全不一样的世界,虽然人类文明到那时仍然存在。

太空中，没人听得到你的呼喊！

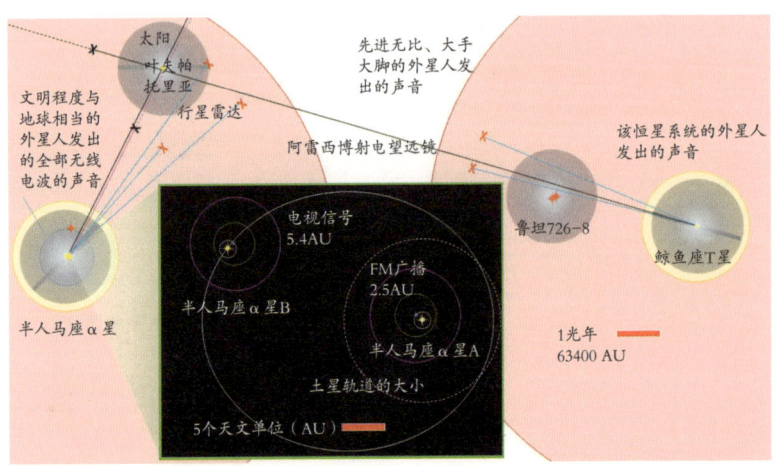

这是几个离太阳系比较近的恒星系统。包裹着它们的那一层球体云团里有很多冰冷的残片，也就是慧核，这是恒星系统在形成过程中残留下来的痕迹（太阳系外的这一层球体云团叫作奥尔特云）。按照上图的比例尺，各个恒星系统的行星都被各自恒星发出的光芒掩盖了，所以显示不出来。

如果半人马座 α 星的两颗恒星（α 星 A 和 α 星 B）分别有行星（小蓝点）出现了和人类文明程度一样的外星人，那么从他们那里发送出来的无线电信号还没有离开半人马座 α 星系统就已经非常微弱了，我们的射电望远镜是捕捉不到的。只有当外星人比我们先进很多、发出的信号比我们强 100 万倍的时候，我们才有可能探测到，而且前提是这些外星人完全没有节能的概念。

如果外星人专门朝着地球的方向给我们发射信号（人类曾经就用阿雷西博的射电望远镜和克里米亚半岛叶夫帕托里亚市的射电望远镜向太空发出过信号），我们的接收机只有恰好在正确的时间对准正确的方向才可能接受得到。但很快就读不出信息了（黑色叉号）。用于探测小行星的雷达信号也很强（红色叉号），但这些信号一般都发射在行星运行的平面上（蓝线）。

如果离我们最近的外星人没有出现在半人马座 α 星，而是生活在鲸鱼座 T 星，我们能够探测到信号的可能性就更小了。

四维空间所有的结都会散开!

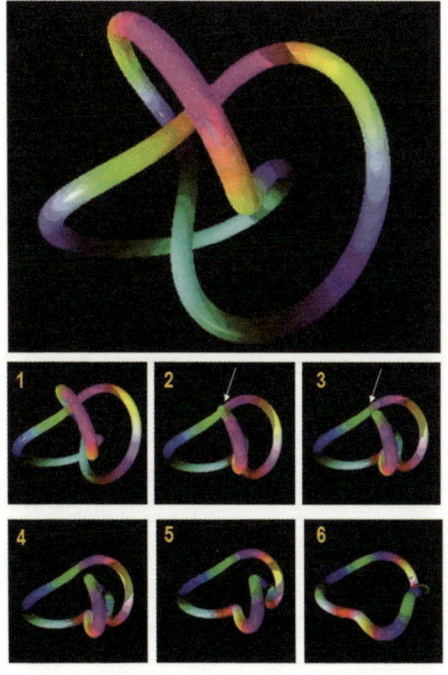

我们可以在纸上画一个四维物体。其中的长、宽、高都和画三维物体时一样,而第四维上各点的位置用不同的颜色来表示。只要两段线颜色不一样,那么其他线就能从它们中间穿过去(箭头处),结也就解开了。这是因为,在第四维,不同颜色的线实际上位于不同的位置,并不会相互接触。

——哈佛大学奥利弗·尼尔(Oliver Knill)

http://www.math.harvard.edu/archive/21a_spring_06/exhibits/unknotting/index.html

欢迎来到平面国！

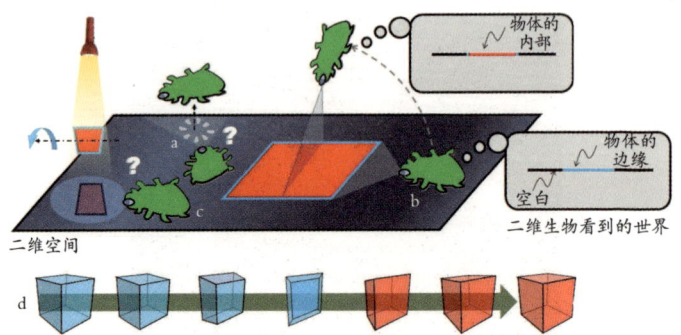

生活在二维平面世界中的平面生物如果突然进入三维世界一定也会大吃一惊。它们只要向高处移动一点，同类（a）就会看不到它们了。第三维会给平面动物带来新的视角，这使它们能够看到密闭物体（b）的内侧。需要注意的是，对于生活在三维世界中的我们来说，我们看到的图像是二维的平面（3-1=2维），那么对于生活在二维世界中的平面生物来说，它们看到的图像就是2-1=1维，也就是一条线。最后，如果一个方形物体(c)在第三维里旋转，那么在二维生物看来，这个物体的形状就改变了，原本被挡在里面的东西也会逐渐露出来。如果给我们的三维世界加上一个维度（d），我们也会看到同样的景象。图中，当内侧刷上红漆的蓝色立方体绕着"第四维"的轴旋转时，里面的红色就会露出来，像里外翻过来一样。

"一直向前走"会走到北极的!

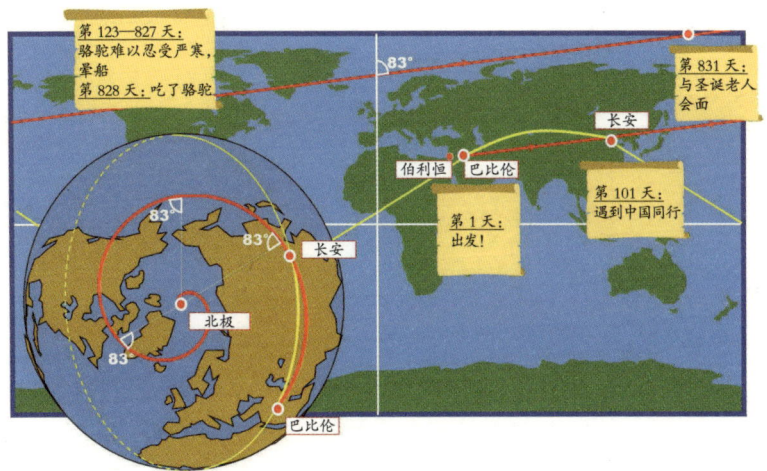

如果东方三博士朝着伯利恒之星升起的方向一直向前走,他们不仅会离伯利恒越来越远,而且还会开启一段漫长而惊心动魄的冒险之旅!在平面地图上,他们的路线的确是一条直线(红色)。但是!这条线会与所有的经线相交,而且永远保持同一个角度(83°),实际上并不"直"。如果把这条线画在地球仪上(左图),我们就会发现这条线会螺旋上升,最后指向北极!在地球表面,两点之间的最短路线实际上是弧线(黄色),也就是以地心为圆点的大圆上的劣弧。将这条弧线画在平面图上,你会发现它不但不是直线,而且超级弯!

因此,保持固定方向向前走,原本以为自己走了直线,实际上却绕了远路,古代旅行者们可能也是因为发现了这一点,才会想到地球并不是平的而是圆的。

碳元素的战役

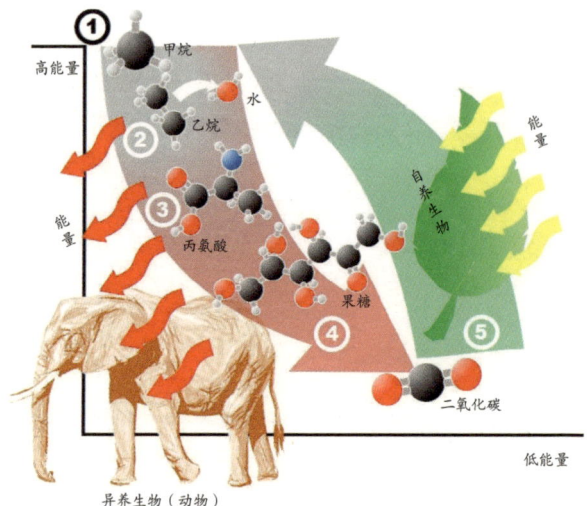

当碳元素所在的分子不含氧元素时——图中的甲烷——碳元素具有很多能量，而当它被氧化时（图中右下角的二氧化碳），它就没有能量了。含碳的分子都会沿着图中的箭头向下走，逐渐释放出能量，最终转化为二氧化碳。比如当你把火苗靠近一股甲烷气体时，甲烷会爆炸，产生二氧化碳（混着水蒸汽）、很大的声音、很强的光以及很多热量！

如果没有火，碳元素失去能量的速度就不会那么快。例如，有的时候氧原子（红色）无法靠近碳原子，因为它的身边跑来了两个氢原子（白色），形成了水分子。与此同时，两个碳原子之间形成了一个化学键。可以想象，如果这个过程反复发生，那么就可以形成越来越复杂的物质。

碳原子还可以和氮原子（蓝色）结合，它们之间形成的化学键比碳氢键更加稳定。图中举的例子是丙氨酸，它是合成人体所有蛋白质的 20 种氨基酸之一。

碳原子与氧原子发生化学反应会释放出能量。这些能量维持着生物的生命活动，而反应产生的物质则成为构成生物体的复杂有机冰；反过来，生命的存在也能证明碳原子的能量在逐渐减少。最终，当碳原子的四个化学键全部与氧原子"共享"之后，就形成了能量消耗殆尽的二氧化碳。

幸运的是，在我们的地球上，有些生物除了呼吸作用之外，还能够利用环境中的能量（比如植物利用光能）让碳元素恢复高能量的状态。我们将这种生物称为"自养生物"。

大脑如何形成颜色

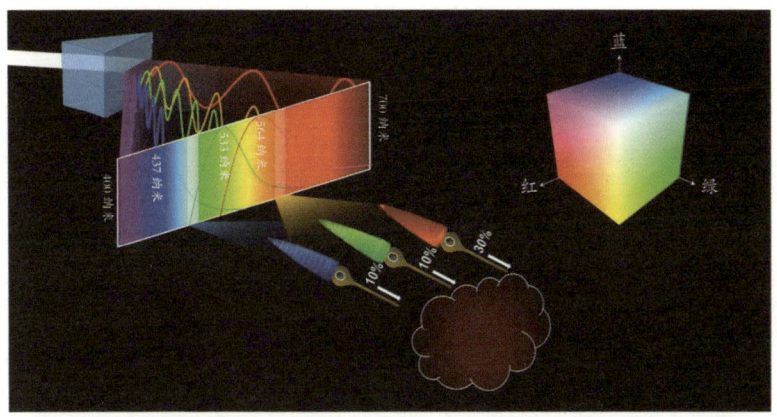

　　白色光是各种波长的光的混合体,我们可以用三棱镜将各种颜色分离开来。彩虹中各种颜色的光都有固定的波长。按照波长由短到长的顺序,人眼能够看到的颜色有紫色(波长 400 纳米)、蓝色、绿色、黄色、橙色,最后是深红色(超过 700 纳米)。

　　但是我们能够分辨出的颜色不止这些,比如有粉色。这是因为视网膜中能够感知色彩的细胞即视锥细胞有三种,它们分别对红色、绿色、蓝色敏感(敏感程度曲线见图中光谱)。当一束不同波长的混合光从物体表面反射到我们的眼睛上时,不同的视锥细胞就会受到不同程度的刺激(在上图的例子中,绿色和蓝色为 10%,红色为 30%),这些信息在我们的大脑中就会形成特定的颜色,在本例中就是栗色。

　　最后,我们可以把能够感知到的颜色用三维坐标上的立方体来表示,在这里,长、宽、高三个轴分别为红、绿、蓝。

维度问题

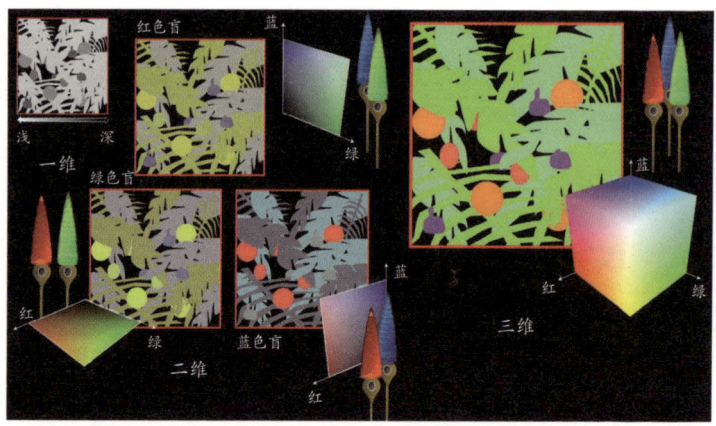

三种视锥细胞可以创造出三维的色彩空间，让我们在深浅不一的绿叶中一眼就能看到橙色、粉色或是紫色的果实。全色盲患者眼中的世界是黑白的，他们的色彩空间是一维空间，颜色只有深浅之分。在本图中，他们可以将树叶和果子区分开来，但所有的果子在他们看来都是一模一样的灰色，没有差别。

大部分哺乳动物和缺少一种视锥细胞的色盲患者都属于二色视者，他们的色彩空间是二维的。红色盲最为常见，他们能够看出紫色的果子，但其他颜色的果子则会被混在浅色的叶子中。绿色盲和蓝色盲则只能看到粉色和橙色的果子，这两种颜色在他们看来是没有分别的。

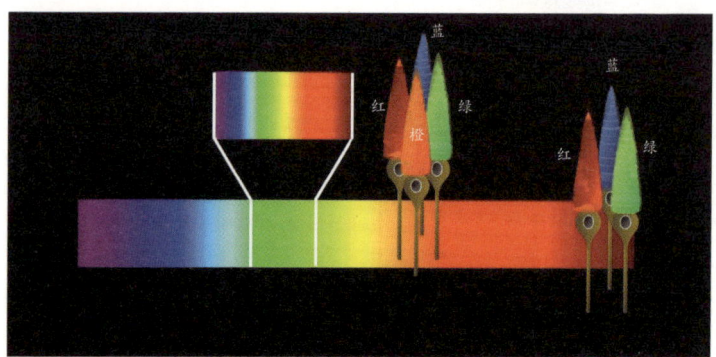

假如你是一只鸟，或者是有四种视锥细胞（红、绿、蓝、橙）的女性，你的色彩空间会比我们更大，对于你来说，我们都成了色盲。这么说吧，对于我们来说，海滩上的绿色只是彩虹中窄窄的一道线，而对于你来说，这一抹绿简直就是整个彩虹！

在地球自转的作用下，空气和海水在赤道和极地之间循环流动

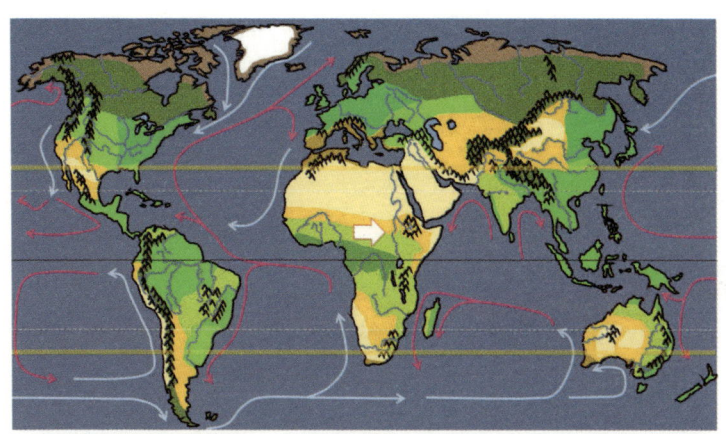

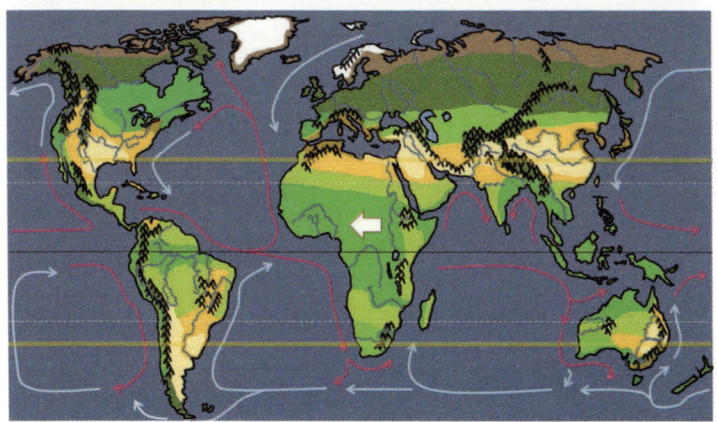

　　这些活动会影响水平方向的气候带，因为随着水分的蒸发，暖流上方的空气会变得温暖湿润，而寒流上方的空气明显会干燥得多。结果就是，暖流（红色）附近的气候比同纬度其他地方更湿润，寒流（蓝色）附近的气候比同纬度其他地方更干燥。

　　这样的话，如果改变地球自转的方向（下图），非洲就会长满茂密的原始森林，撒哈拉沙漠几乎会完全消失（澳大利亚也会发生同样的事情），而亚马孙流域则会变成大草原。大沙漠会出现在美洲（密西西比河流域以及南美洲岬角）和亚洲（中国）。欧洲和北美洲也会交换角色：加拿大的气候会变得温和，法国则会大幅降温！

新的世界地图

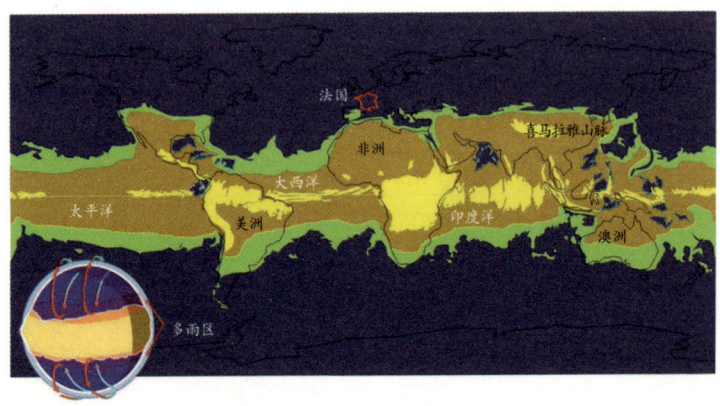

当地球停止自转后,海洋向两极退去,世界地图就会变成这个样子(资料源自ESRI 公司)。没错!谁也想不到赤道附近的海底竟然变得比阿尔卑斯山还要高(事实上是离地心更远)!这个新大陆的相当一部分甚至高得让人无法呼吸(姜黄色)。如果再将地心引力这一因素考虑在内,即离地心越远的地方受到的地心引力就越小,那么我们会发现赤道附近的山峰(黄色)事实上已经进入了同温层。换句话说,差不多是在太空里了!

致德尔菲娜

| 序 |

假如这个世界上没有勒内·屈耶里耶（René Cuillierier）会怎么样？

我们会因很多问题而纠结、烦恼。

像勒内·屈耶里耶这样涉猎广泛、能够消化大量信息而且还不因循守旧的科学记者还能有几人呢？他对知识的探寻孜孜不倦，但内心深处却更渴望知识的普及；他研究学问一本正经，但调皮起来却像个孩子；他用朝气和勇气提出了一个个看似幼稚的问题，却又懂得如何拆解荒诞至极的谜团。

对于那些我完全无从下手的问题，他是怎么应对的呢？

大概是这样：他首先进行估算，然后提出新的问题进行更精确的计算，接下来建立模型再提出问题。每一步都可能带来一个惊喜……或是新的难题！比如说，要回答"假如挖一条贯穿地球的隧道"会怎么样，他首先得弄清楚大气进入隧道会发生什么变化。当深度达到1100千米时，氧气会被压缩，形成一个巨大的雪团堵住隧道。所以读者乘坐的隧道列车到此便被卡住了。那么第一个结论就是，这个隧道应当具有良好的气密性。在得出这一结论的过程中，他会提醒读者温度和压力会导致气态变化——当然读者可能早就想到了。要想继续旅行,接下来应当思考的是重力对飞船的影响。要避免隧道列车像悠悠球一样停不下来,就必须得进行技术创新。在这个过程中他会解释重力加速度为什么会变化以及它是如何变化的。再接下来,他开始考虑地转偏向力,解决地转偏向力带来的问题,然后研究隧道的入口应该开在哪里……新的难题、新的想法、新的概念。他就是这样扫清一个又一个的障碍,最终找到了在一定条件下用42分钟就可以到达地球另一端的方法。这便是"假如"系列问题的精妙之处:它们趣味性强、出人意料、环环紧扣、引人入胜,而且还能在第一时间传授知识。

那么,要回答开头的问题"假如这个世界上没有勒内·屈耶里耶会怎么样?"答案一定是:

那我们就得"发明"一个他了。

让·洛佩(Jean Lopez)

《新发现》(青少年版)杂志(*Science & Vie Junior*)主编

前　言

人们有时候会问一些很愚蠢的问题，不过好在历史上不少伟人也做过这样的事。也许你曾经想过，"假如我以光速前进，那么我还能不能通过手中的镜子看到自己呢？"事实上，爱因斯坦曾亲口承认，正是这个无厘头的问题让他开始研究相对论。这样的例子比比皆是。（比如"为什么月亮不会掉下来而苹果却会落地呢？"）

也许所有的这一切都有其存在的道理。在所有关于科学的定义中，下面的这个并不见得比别的更逊一筹：科学是用来迷惑我们没有防备的头脑，让我们把偏见当作真理的偏方。这样看来，偶尔让科学来解释稀奇古怪的问题完全顺理成章，毕竟问题再怪也怪不过我们充满偏见的头脑。

可没想到我们得到了一个有趣的发现：科学不仅能够帮助我们认识世界，而且从古至今都是一个探索奇思妙想的好帮手！

当《新发现》（青少年版）杂志（Science & Vie Junior）的主编让·洛佩（Jean Lopez）请我每个月在他的杂志上回答一个问题，还说这个问题越荒谬越好的时候，简直就像送了我一个无与伦比的礼物。（我到现在仍然不敢相信！）

而且我的好运还在继续。贝兰出版社（Editions Belin）给了我更大的空间，让我能够将2013—2016年发表的文章进一步完善、拓展，最终得以形成本书。

我在写作本书时感受到了无限乐趣，希望你在阅读时也同样感受到乐趣无限。

| 目　录 |

假如所有人同时双脚跳　　　/// 001
假如把一百万块乐高积木堆起来　　/// 007
假如地球有两个太阳　　/// 014
假如我们的大脑变成两倍大　　/// 023
假如自行车的速度可以匹敌光速　　/// 030
假如地球是平的　　/// 038
假如真的有圣诞老人　　/// 046
假如挖一条贯通地球的隧道　　/// 053
假如性别不存在　　/// 061
假如我们造一个黑洞　　/// 069
假如化石燃料从未出现　　/// 075
假如每个人真的都有"另一半"　　/// 082
假如用木头制造计算机　　/// 089
假如恐龙是高智商动物　　/// 097
假如给人插上翅膀　　/// 104
假如真的有瘸腿兽　　/// 113

假如半人马座 α 星上有外星人　　/// 121

假如怪兽来袭　　/// 130

假如空间有四个维度　　/// 137

假如造一个金刚战神　　/// 142

假如坐着电梯去太空　　/// 151

假如朝着伯利恒之星一直走　　/// 159

假如碳元素不是生命的基本元素　　/// 165

假如放生一头霸王龙　　/// 171

假如虫子都消失　　/// 178

假如我们可以看到更多颜色　　/// 184

假如去真正的潘多拉星球上看一看　　/// 190

假如尼安德特人没有消失　　/// 198

假如没有量子力学　　/// 206

假如地球倒着转　　/// 214

假如把铅都变成黄金　　/// 220

假如地球不转了　　/// 227

假如一座超级火山明天喷发　　/// 238

假如去探索奇形怪状的星球　　/// 245

假如地球是个甜甜圈　　/// 251

假如所有人同时双脚跳

一定会引发灾难的,不是吗?

看到这个问题,你并拢双脚跳了几下,很快,你就会告诉我说:"全世界的人不可能同时做出这样的动作。"你说得对,就算我们商量好在某一天的某一时刻同时起跳(连时差也考虑进去,即便要在凌晨3点起床也得参加这个实验),可是小婴儿和患病的老人又怎么可能跳起来呢,再说还有正在做手术的医生、医生面前已经被麻醉的患者、正在全神贯注驾驶飞机准备着陆的飞行员,他们当然也不可能跳起来。大概这个实验最直接的效应就是催生出无数搞笑视频吧……(当然也会有一些没那么搞笑的,毕竟还有那些跳不起来的人值得我们同情)

但我们不妨想象一下,如果全世界的人能够同时双脚跳起来,那会造成什么后果呢?各地的场面一定是很壮观的,这很容易让人想到。除此之外,人们大体上会提出三大猜想:地球发生偏移、一昼夜的时间略微延长以及会引发地震。为什么会有这些想法呢？原因很简单。

首先我们来看看为什么说地球会发生偏移。这和打枪或发炮会产生后坐力是同样的道理。当炮弹从炮筒的一端被发射出去的时候，炮筒会向另一端后坐。假如人类在地球的表面是均匀分布的，那么在所有人同时起跳时，地球就会受到来自各个方向的力，这些力互相抵消，因而也就不会对地球产生任何影响了。但事实上，地球上的大部分人都住在北半球。如果我们同时跳起来，也就相当于地球上有相当一部分物体向北移动了一点点，这样一来地球就会向南移动一点点。整个偏移过程只在我们跳起来的那一瞬间发生，当我们落地时，地球又会回到原来的位置。这就好比你和你的弟弟都穿上自己的旱冰鞋站好，然后手拉着手。如果你把弟弟向自己这个方向拉，弟弟就会向你移动，但与此同时，你也会向他移动，弟弟比较轻，所以走的路程会更长一些，而你走过的路程相对短一些。因此，在我们跳离地面之后，地球会通过重力的作用把我们再拉下来，同时地球本身也会向我们靠近。

接下来，我们来分析为什么一昼夜的时间会变长。这个原理和花样滑冰运动员在冰上旋转的原理一样：当他打开手臂的时候，他的转速就会降低。但他打开手臂绝对不是为了去按减速器。因为你会发现，当他把手臂收回的时候，他的转速又会加快。在物理上，我们将这种奇怪的现象称作"角动量守恒"。在旋转物体中，如果物体的一端与旋转轴的距离变大，那么整个物体的转速就会降低；相反，如果物体的一部分与旋转轴的距离变小，那么整个物体的转速就会提高。你觉得不可思议？这很正常，你可以自己来做个实验：找一把转椅坐在上面（双手各拿一本厚书或一个哑铃效果更明显），抬起双脚，让椅子转起来。这时，如果你伸出手臂，你的转速就会变慢，而当你收回手臂的时候，椅子便又开始快速地旋转起来。

现在再来看我们要讨论的问题：当我们跳起来的时候，地球上相当一部分物体会在短暂的一瞬间远离地球的旋转轴，因此整个地球的转速就会变慢。当然，这个过程只发生在我们跳起来的那一瞬间（因为当所有人落地的时候，地球的转速又会恢复正常），但总归会导致地球在这一天自转一周的时间延长那么一点点，因此这一天会变得略微漫长一些。另外，我们还需要知道，靠近极点的人跳起来之后相对旋转轴并不会偏移很多，而在赤道附近生活的人则会起到更大的作用。

最后，我们来解释为什么会引发地震。当物体落到地面时，它会释放出一定的能量，能量的大小等于物体的质量乘以降落的高度再乘以重力加速度（9.81 米/秒^2），这些能量具体表现为落地时与地面撞击发出的声音以及使地面产生的震动。所以当我们所有人的双脚落到地上时，一定会引起不小的骚动！

要想计算出所有这些数据，我们就得知道人们都能跳多高、跳起来的时间有多长（以此来得知地球偏移的时间和一昼夜延长的时间），还有我们所有人的体重是多少。这些问题并不难回答。

双脚跳一般会持续 1/3 秒左右，腾空高度不会超过 50 厘米，这两个数据很容易测，那么现在就只缺体重了。我们来估算一下：

按平均体重为 50 千克（最重的人把体重分摊给最轻的婴儿）、地球人口总数按 70 亿来计算，人类的总体重就是 3.5 亿吨。联合国曾经根据多项医学数据做出了更精确的计算，得出的结论是地球上人口的总重量大约为 3.16 亿吨——和我们估算的结果差不多！你可能会觉得这个数字很庞大，但其实 3.16 亿吨只是地球总重量的二十万亿分之一。换句话说，人类相对于地球，就好比滚球[1]表面的细菌相对于滚球。所以，要想让整个地球抖三抖，那可就得费一番力气了！

厄瓜多尔的加拉帕戈斯群岛是最适合做这个实验的地方。

如果前面的这些你都读懂了，那么你就会知道，人们站得越集中，同时跳起来产生的效果就越明显。如果还想让地球自转

---

[1] 法式滚球（pétanque）是一种法国球类运动，该运动使用的金属小球称为滚球。——译者注

的时间尽可能地延长，那么我们就要尽可能地靠近赤道。这样一来，我们便找到了最适合做这个实验的地方：加拉帕戈斯群岛（Galapagos）！

加拉帕戈斯群岛能装下全世界的人吗？能啊！当然啦，岛上快要绝种的几万只巨龟、陆鬣蜥、海鬣蜥、蓝脚鲣鸟、海狮们先得把地方让出来，真是可惜了。接下来还得花一大笔钱把全世界的人接过来——就算乘坐廉价航空公司的航班，仅机票费用一项就要消耗近 10% 的世界年产值，更不用说组织费用、食宿费用了（总之，要做这个荒诞的实验，全世界得有一大部分人为此工作好多年）。但是不管那么多！该做的事一样都不能少！

准备工作全部就绪之后，每个人——无论老人、青年还是婴儿——都会被分配 1 平方米的空地（这样，即便你的四周都是相扑勇士，你也不会被挤得动弹不得）。经过几个小时的调整，70 亿地球人将在这个地图上不及苍蝇屎大的小岛上各自站好。"加拉帕戈斯群岛世界跳跃日"终于到来！

我们做这么多准备工作有什么用处呢？首先，所有人都可以在地球的同一点上同时跳起；其次，加拉帕戈斯群岛几乎就在赤道上，我们这一跳对地球自转的影响将达到最强效果！好了，各就各位，一，二，三，跳！

噗！这一跳简直不值一提。当我们跳起时，地球向相反方向也就偏移了 0.0000000000001 毫米，相当于原子直径的百万分之一。"都散了吧，散了吧！没啥好看的……"没有哪个物理实验能够探测出如此微不足道的位移！

对于昼夜长度产生的影响也没大到哪儿去。一个恒星日——地球自转一周的时间（正常情况为86164秒）——延长了0.00000000000004秒，在时间的测量方面，人类还从来没测出过这么精确的数字！就算几十年后原子手表和超快激光技术取得发展，人类可能（"可能"而已）会探测出"加拉帕戈斯群岛世界跳跃日"对一昼夜时长的影响，但是相对于地球上的其他效应，比如地核物质的移动、地球大气的变化等，我们这一跳对于时间的影响可能就显得微不足道了，最终被忽略不计。没错，风每天在地球上吹来吹去，它对一昼夜时长的影响可比全人类一起跳一下要明显几十亿倍呢！

那地震呢？前面说我们全人类的总体重达3.16亿吨，我们同时从几十厘米的高处落下，大致算一算，释放出的能量怎么也有几千亿焦耳了，这应该足够引发一场里氏三级的地震了吧。额……里氏三级，这也太弱了。人们当然会感觉到地面的震动——因为我们所有人都像袋鼠一样原地跳了一下——但是这个强度就连附近的一座小木屋都震不倒。事实上，世界上最强大的地震仪位于秘鲁和智利，距我们的小岛1000千米，它们可能会探测到什么，但记录下震级也会很低很低！而且，全世界每天发生的小地震有几百场，就算仪器能够探测到，这场由全人类引发的地震也根本不会有人注意！

所以你就知道了，假如所有人同时双脚跳会发生什么呢？答案是：什么都不会发生。啊，人类真是太渺小了……

假如把一百万块乐高积木堆起来

没错,这的确是个傻里傻气的假设。不过既然想到这里,那么你一定很想知道结果会怎么样。

把一百万块乐高积木堆起来,这可能吗?先不说别的,世界上有那么多块乐高积木吗?别担心!玩具厂每秒钟生产的乐高积木就差不多有一千块。所以,无论是用得最多的2×2乐高积木,还是必不可少的2×3乐高积木,世界上早就有千百亿块了。这样看来,这个假设的结论似乎显而易见:既然每一块乐高积木的高度都是9.6毫米,那么一百万块积木堆起来就是一座9600米的高塔呗——世界上最高的珠穆朗玛峰在它面前都要自惭形秽!然而真正操作起来,这个塔可没有想象中那么好搭。

我们遇到的第一个难题是,在建造巨塔的后期(甚至不需要特别"后"),就算费九牛二虎之力也没办法把乐高积木拿到那么高的高空去。我们得把大大小小的梯子用个遍,然后还得搭起巨型脚手架,这才能爬得足够高,小心翼翼地把下一块积木搭上去,稍有不慎整个高塔就会折断!问题是,目前世界上最高的迪拜哈利法塔也只有739米(房顶的高度)。也就是说,我们即便跑到迪拜去也只能把乐高积木堆到第76979块,离目标还远得很呢!

作为脑洞大开的乐观主义者,我们当然还有办法:用直升机通过麻绳吊起杂技演员,让他把剩下的923021块积木摆好!不巧的是,大部分直升机都没办法在4000米以上的空中悬停(这还没到我们目标的一半呢),因为高空中空气过于稀薄,螺旋桨再怎么转动也无法提供足够的升力来维持飞机的高度了。事实上,目前飞机在软道面上起飞和着陆的最高海拔纪录是在珠穆朗玛峰上实现的。也就是说,海拔为8848米,而这个尝试只在2005年成功过唯一的一次(在软道面上的起飞和着陆最为平稳,因此最接近我们的需要)。

如果我们能够再次达到这个高度,那么我们就实现了目标的93%,可是止步于此也太让人不甘心了!但这时我们又会想到另外一个问题:用得着去那么高的地方吗?尽管一块2×2的乐高积木只有1.152克,但一百万块怎么说也得有一吨多!在我们搭积木的过程中,它难道不会慢慢陷进泥土里去吗?无论是压实的土地还是正常的石灰岩,都有可能在某一瞬间突然支撑不住,同时我们的乐高塔也会下陷,这可不是什么好事儿。所以积木最好搭在坚固的预应力混凝土石板上,只有这样的石板才能够经受得住乐高塔的重压。这下好了!你长出了一口气。可是……塑料本身也会变形呀!就算没有陷到泥土里,随着塔身的重量不断增加,下面的积木块还是会被慢慢压扁。要想知道积木塔会被压扁多少,我们就需要去查阅材料手册（手册中汇总了各种材料的物理特性和化学特性），找到"杨氏模量"[1]这一部分。

乐高积木是用 PVC 材料制成的。手册显示，PVC 材料的杨氏模量大约为 4000 千克/平方米。这是什么意思呢？其实并不难理解。如果要把一块积木压扁 10%，向它施加的压力就应该等于 10% 乘以杨氏模量，也就是 400 千克/平方米。信不信由你，经过计算，一百万块积木的重量只会把整个塔身压低几米，相对于我们最初计算的 9600 米根本不算什么，所以高度的问题还是没有解决！可是我们由此又想到了另一个非常值得担忧的问题……

固体受到挤压并不会一直变扁：到了一定程度，当压力过大，固体就会被压碎。这可怎么办！刷刷刷——赶紧再翻开手册查一查。这一次我们查到，PVC 受到大约 7300 磅/平方英寸的力就会碎裂，换算成我们常用的单位，就相当于 5130650 千克/平方米。那么接下来的问题就是：摆到多少块乐高积木的时候第一块就会被压碎呢？

要回答这个问题，我们首先需要知道乐高积木上表面的面积。拿 2×2 的积木块来说，它的表面积是 15.6×15.6=243.36 平方毫米。但是注意！由于乐高积木的底部是凹进去的，所以上方积木的所有重量只作用在下方积木的边缘上。玩具厂的设计图显示，实际的受力面积只占乐高积木总面积的 1/3，也就是 81.12 平方毫米。因此，从理论上讲（你可以自己来算一算），表面积为 81.12

---

[1] 杨氏模量是工程师们专门用来描述固体材料抵抗形变能力的物理量。

平方毫米的 PVC 块只需要受到 416 千克带来的压力就会碎裂。这虽然只是一个近似的理论值，但实际上已经可以解答我们的问题了。不过在 2012 年，英国开放大学的研究员真的用液压机做了这个实验，实验结果和我们的结论接近：432 千克，咔嚓！

乐高塔上积木的重量主要作用在下方第一块积木的边缘，受力面积仅有 80 平方毫米多一点。当上方积木的重量达到 400 多千克的时候，下面的第一块积木就会被压碎。

然而，432 千克仅仅是 375000 块乐高积木的重量，它们堆起来的高度还不到 3600 米。那如果换成 2×3 的积木块会怎么样呢？受力面积差不多会变为原来的 1.5 倍，但是每块积木的重量也变成了原来的 1.5 倍，所以即便换一种积木，结果也还是一样的。（事实上，如果从稳定性的角度考虑，我们其实应该把乐高塔搭成底端大、顶端小的金字塔形状，但就算如此，底层中央部分的积木也还是会受到同样大小的压力。）

所以，你就知道文章一开始那个假设的结论了：没等把一百万块乐高积木堆完，第一块乐高积木就已经被压碎了。换句话说，在地球上是不可能用一百万块乐高积木建起一座高塔的！好啦，直升机飞行员们可以回家了。

好吧，看来也只好这样。不过……在重力比较小的星球上行不行呢？这次你说到点上了，换个星球是唯一的办法。比如说我们可以去火星，地球上的1千克到了那里就只有376克了，这样的话，我们的乐高塔差不多可以比在地球上高两倍，也就是堆到第998000块积木的时候最下面的那块才会被压碎。快要大功告成啦！月球上的重力更小：那里的乐高塔可以堆到第2267231块，算起来有21765米高！

这倒是让我们想起一个困扰了工程师们多年的难题：太空电梯的问题。太空电梯最初是由苏联的康斯坦丁·齐奥尔科夫斯基提出的。齐奥尔科夫斯基是一位天才发明家，他有着天马行空的想象。19世纪末，他预测并计算出了几乎所有与火箭发射升空有关的数据。1895年，受到埃菲尔铁塔的启发，他开始思考如何能不用火箭就进入太空。这和我们的乐高塔有什么关系呢？你马上就会明白。

他的想法是在坚固的地面上建起一座高塔，塔尖一直延伸到同步卫星[1]的轨道上，甚至是更远的地方。这样做有什么用呢？地球上的物体都随着地球一同旋转，因此高塔的塔尖处速度极大。如果从这里释放一颗卫星，那么这颗卫星就会像小石子一样被轻

---

[1] 同步卫星每24小时绕地球旋转一周。

而易举地发射出去。这样一来，我们几乎分文不花就能把千百吨物资运送到轨道舱，甚至是太阳系的任何地方了（目前向近地轨道每输送 1 千克物资就需要花费 2 万欧元）。如今，工程师们最大胆的想法是从太空伸下来一根绳索固定在地面上，但道理与我们前面所说的是一样的。

你可能会说："这不是挺好吗！还有什么问题呢？"有两方面的问题。首先，就像我们的乐高积木塔一样，由于要达到的距离太远，无论是绳索还是高塔都会被自己的重量拉断或压垮，就算使用目前最轻便、最坚韧的材质都不行。其次，如果从太空向地球伸出一条长长的绳索，在失重的状态下它容易缠成一团。总而言之，迄今为止人类已经用几千米长的细绳尝试了六次，每一次都以失败告终。所以齐奥尔科夫斯基又说对了：最简单的方法大概还是在地面上一块一块地把砖垒起来，建起太空电梯。所以，我们现在最需要的是足够轻巧、足够结实的乐高积木！

我们已经知道，在地球上用 PVC 材料的乐高积木来建高塔是不可能的：塔的高度连所需要的千分之一都达不到。在火星上，乐高塔的确可以达到 9581 米，但与太空电梯所需要的高度相比，这还不足 1%。

可是，如果能去太阳系最大的小行星——谷神星[1]（Ceres），我们的大工程几乎胜利在望！这里的乐高积木塔能够搭到 100 千米高（10416000 块积木），不过前提是要使用碳纳米管材质的积

---

[1] 谷神星差不多可以算作矮行星，它的大小差不多是月球的1/4。

木，而非普通的塑料积木。碳纳米管和塑料一样轻，但强度却是塑料的 1000 倍。太空电梯总算有眉目了！比谷神星还要理想的地方是太阳系第二大小行星——灶神星（Vesta），在那里，用普通的乐高积木就没问题！另外，如果我们只考虑自转速度，那么在火星和木星之间的小行星带上，大部分小岩石都能满足我们的要求。

我们可以在太阳系第二大的小行星——灶神星（Vesta）上建一个乐高塔，乐高塔随小行星一同转动，塔尖的运行速度会非常快，如果从塔尖上发射卫星，那么这颗卫星就可以直接进入太阳系，就像用弹弓射出一粒石子一样容易。

所以，我们这个傻里傻气的问题倒是引出了一个并不傻里傻气的回答：如果有一天人类决定去小行星带开采地球缺乏的矿产资源，我们现在就知道该如何解决运输问题了——用乐高积木做些太空电梯就行啦！

假如地球有两个太阳

这可不是无稽之谈！话说回来，只有一个太阳才奇怪呢。其实，在银河系中，大部分恒星都和我们的太阳不一样，它们有的是由一对恒星构成的联星，有的是由多个恒星构成的多星系统。这些炽热的气体星球围绕着彼此不断运转。所以从理论上来讲，对于这些恒星身边的行星来说，它们的天空上都有两个甚至三个太阳！

也许你已经想到了《星球大战》里阿纳金·天行者降生的塔图因星，梦想着去欣赏两个太阳徐徐落下的浪漫天空，或是忆起了电影《星际传奇I》，脑海中浮现出白昼漫漫的世界，但是在展开想象的翅膀之前，还是让我们来动动脑子思考一下。

同时受到多个恒星吸引的行星很难确定自己究竟该绕着谁来运行，因此它们的轨迹都非常不规则：这些行星就像路灯下的小飞虫一样乱转，完全不会循规蹈矩地走出一个圆。在过去相当长的时间里，人们都认为如此混乱的恒星系统是绝对不可能形成行星的，因为一般情况下，要形成行星，首先需要小行星那么大的岩石，在这种多个恒星共存的星系中，大岩石会发生激烈的碰撞，然后变成千千万万块小碎石，它们才不会"理性地"黏在一起形成行星。

过去，我们一直用这个理论来解释为什么地球只有一个太阳：我们的太阳是恒星系统中为数不多的"独居"恒星，因此它的身边能够产生我们所在的这个行星——地球。可是近几年，嘭！新的消息传来了：人类在多星系统中也发现了行星。而且天文学家的计算结果也表明，在某些多星系统的适居带上，很可能有类似地球的小型岩质行星存在。所谓"适居带"就是指距离恒星既不太远也不太近的环形轨道，这个距离刚好能够保证水以液体的状态存在，因此生命就可以繁衍。那么我们得出的结论就是：尽管天上有好几个"太阳"的"地球"很少见，但这样的行星确实有存在的可能。

知道了这些之后，我们再来研究开头的假设。我们把地球放到一个真实存在的联星系统里，看看会发生什么。

总体来说，联星系统有两种情况：第一种情况是像塔图因星那样，天空中同时存在两个太阳，也就是说，我们的行星围绕着这两个恒星构成的整体不断运转。第二种情况是像在《星际传奇Ⅰ》中一样，两个太阳在天空中依次出现，这就意味着我们的行星和现在一样，只围绕其中一个太阳运转，而另一个太阳在较远的地方运行。天文学家将这两种情况分别称为 P 型行星系统和 S 型行星系统。

我们的第一站是哪里呢？是类似塔图因星的 P 型行星系统：开普勒 47 联星系统。该系统距离地球 4900 光年，位于天鹅座内。这里有两颗恒星：一颗是开普勒 47A，比我们的太阳稍小一些；另一颗是开普勒 47B，这是一颗红矮星，温度差不多是太阳的一半，亮度是太阳的 1/100，直径不到太阳的 1/3。这两颗恒星围绕着彼此旋转，每七天半为一个周期。用天体力学的公式粗略计算一下就可以知道，这两颗恒星之间的平均距离不到 1200 万千米（大约是太阳系中太阳到水星距离的 1/5）。

假如地球围绕着开普勒 47 联星系统运转，我们就会在天上看到两个太阳，地上所有的物体也就会有两个影子。

一年前，人们观察到一颗行星围绕着这一对恒星在平静地运转，它的轨道非常圆，半径是两个恒星距离的 12 倍，这恰好是能够保证水以液态的形式存在的距离。当然，这颗行星是一颗类似海王星的巨型气态行星，和地球完全不一样。但是没关系，咱们就把地球放在那里。

我们发现的第一个变化是一年从365天变成了303天，因为要想保持我们现在的气候，我们就得在距离两颗恒星稍微近一些的轨道上运转（这很正常，因为我们的两个新太阳加在一起也没有太阳系的太阳那么暖和）。现在为我们充当太阳的是较大的那颗恒星。那较小的那颗恒星呢？它的热量太低了，几乎对气候没什么影响。但要论起亮度，它却比满月还要亮6000倍，甚至在大白天也是如此。所以在晴天的时候，所有的物体都会有两个影子！另外，因为开普勒47B发出的是浅红色的光，所以它投射出的影子都会缺少红色，在我们看来，影子就会呈现出淡淡的青色（即红色的互补色）。当白色的光和粉红色的光同时照在大海上或是雪山上，你可以自己想象那会是怎样的场景……

更神奇的是，我们将在一周的时间里体验到四季的变换。因为我们的两个太阳围绕着彼此不断运转，一个周期是七天多一点，所以我们和太阳之间的距离就会变化得非常快。从开普勒47A离地球最远（假定是周一早晨）到它离地球最近（差不多是周四傍晚），我们接收到的光和热大约会增加8%，接着，它和地球之间的距离再次变大，光和热又会逐渐减少。这种变化倒不会引起气候灾难，但是我们的不少俗语都要跟着变一变了，比如会出现"周三捂周六冻"或者"周四穿皮袄周一穿纱"这类的句子。另外一个变化是日食。我们每周会看到两次一个太阳从另一个太阳前面经过的情景。首先，红矮星开普勒47B被挡在开普勒47A的后面，在此后的四个小时里，地球上的物体不再会有两个影子，我们眼中的世界也会恢复正常的色彩。几天后，开普勒47B又会来到开普勒47A的前面，挡住13%的光线。如果这个时候是夜里，你不会有什么感觉。但如果这时正赶上白天，你会感觉到温度突然降低了好几摄氏度！（无论你住在地球的哪个角落，一年之中你都会经历十五六次这样的日食。）告诉你一个小秘诀：留意你的影子，当看到青色的影子和黑色的影子快要重叠在一起的时候，就赶紧去找件厚实的衣服吧。

所有这一切的确都很古怪离奇，但其实开普勒47联星系统的生活和我们的太阳系并没有想象中那么不一样。在电影中，塔图因星的两轮落日唯美壮观，但在开普勒47联星系统，因为两个恒星的大小和亮度相差很多，所以并不会像影片中那么震撼。好了，现在让我们再去看看《星际传奇I》那样的S型行星系统吧。向4.4光年之外的半人马座α星前进！

半人马座α星包括三颗恒星。第一颗是半人马座α星A，它比我们的太阳稍大一点，和太阳就像双胞胎一样。第二颗是半人马座α星B，它的体积稍小一些，温度明显更低，颜色更偏向橙色。半人马座α星B围绕半人马座α星A运行，轨道呈非常规整的椭圆形，每80年旋转一周。这两颗恒星运行的最近距离差不多是土星到太阳的距离，最远的距离大概是这个距离的3倍，相当于冥王星到太阳那么远。第三颗恒星是比邻星，这是一颗极小的红矮星，它离另外两颗恒星都非常远，所以几乎可以忽略不计。

　　假设我们把地球放到这个系统中，太阳的孪生姐妹——半人马座 α 星 A 就成为我们的第一个"太阳"，地球围绕着它在轨道上运行。第二个"太阳"半人马座 α 星 B 离我们很远，所以对我们的运行轨迹不会产生太大的影响，对气候几乎没有任何作用。但是，我们可以看到它，而且非常明显！在大约六个月的时间里，我们在白天都会看到天上挂着一个很耀眼的小圆盘。具体有多亮呢？大概和平时太阳落山的时候差不多。在一年中另外的六个月，半人马座 α 星 B 会出现在夜空中，它就像灯塔一样，连满月也没有这么亮，因此黄昏就会变得格外长，甚至不再会有黑夜，黄昏过后直接就是黎明。

　　这样一来，靠月光来寻找方向的飞蛾们就该迷路了，它们会到处乱撞。不过在我们的真实生活中，大城市的飞蛾一直就过着这样的生活。而在人烟稀少的地方，受到影响最大的大概是大型食肉动物，它们本来只在日落和日出前后的几个小时出来活动，现在整夜都变成它们的黄金时间了——小羚羊们的好日子将一去不复返。和太阳系就这么点不同？没错，就这么点。所以，把整个地球搬到多星系统还没有移居圭亚那或者南极洲带来的变化大。如果你仔细想想，你就会发现这其实是很正常的：要想看到塔图因星上那种两个太阳同时落山的景象，或是像《星际传奇 I》那样整个星球永远都没有黑夜，那么在开普勒 47 联星系统和半人马座 α 星中，第二个太阳就应该更大，而且（或者）离第一个太阳更近。然而，出于实际考虑，我们把地球放到了存在"适居带"的系统中，这就必然意味着第二个太阳得在非常远的地方，既不会影响到地球的轨道，也不会影响地球的气候……

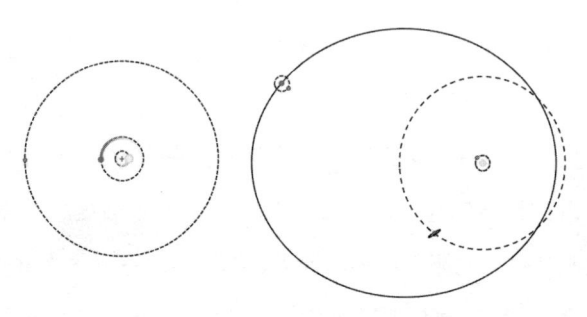

类地行星可能出现在开普勒 47 这样的联星系统中（图左）。开普勒 47 包括一个和我们的太阳几乎一样亮的恒星和一个明显小很多的红矮星，这两颗恒星围绕着它们的共同重心旋转，每星期运行一个周期。类地行星也可能出现在半人马座 α 星这样的系统中（图右），它可能会围绕其中一个恒星运行，另一个恒星在较远的轨道上。（上图给出了土星绕太阳运行的轨道，方便比较。）

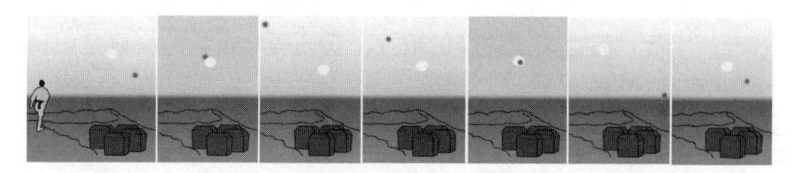

美丽的日落。开普勒 47 的两颗恒星一同围绕着它们的共同重心旋转，因此每天晚上都会出现不一样的日落景象。这两个太阳的大小相差很多，否则看日落的人所在的行星就无法在稳定的轨道上运行了。

我们的结论就是，在多星系统中能够存在生命的行星上，生活可能并没有我们想象的那么不一样。但如果从光照之外的角度去考虑，在半人马座 α 星这样的 S 型行星系统上生活还是有可能会和地球上不大一样的。你想想，半人马座 α 星 A 有适居带，半

人马座 α 星 B 也可以有啊。换句话说，在 S 型行星系统中，完全可以有两个能够有生命存在的行星相邻运行！想象一下，每隔 80 年，当半人马座 α 星 B 和它的行星离半人马座 α 星 A 最近的时候，我们的先人向太空发射的信号就有可能传到旁边的"地球"那里。如果另一个"地球"的人比我们先进，也可能会是他们的信号先

我们的"新太阳"半人马座 α 星 A 刚刚落山，天空中只留下了半人马座 α 星 B，它的颜色更偏向橙色。这是它最亮时候的样子：尽管大小只有满月的 1/12，但亮度却是满月的 2000 倍！这个小太阳每年会有六个月的时间出现在晚上，把黑夜变成漫长的黄昏。另外六个月它会出现在白天，在天空中格外显眼，但不会对天气造成影响。接下来的 40 年，半人马座 α 星 B 会变小、变暗，最后变成一个小点，但依旧会非常晃眼。它右侧的恒星是比邻星，也就是半人马座 α 星的第三颗恒星，它比半人马座 α 星 A 远 13000 倍，尽管它的颜色为红色，在天上很容易看到，但亮度也就是天狼星那么亮（天狼星是目前夜空中最明亮的星星）。

传过来。在这样的世界中，星球大战、坐着喷火的小车从天而降的外星人，还有其他所有在科幻小说中才有的场景都有可能成为现实。我想，这个时候一定会有人懊恼自己没有出生在一个好的星系当中了！

假如我们的大脑变成两倍大

人类会不会有一天进化成为脑袋超级大的"未来超人"呢?如果我们的大脑变成现在的两倍大,那么大脑灰质和神经元都会变成现在的 $2×2×2=8$ 倍。这样一来,我们脑力也会是现在的 8 倍吗?

首先,让我们先把要研究的问题搞清楚。理论上,我们的"脑力"可以像计算机一样用数字来衡量,比如每秒钟能够处理多少比特的信息量(多少个 0 和 1)。当然,和电脑不同,在大脑灰质中,我们的思想、我们的回忆、我们眼中看到的画面并不是以 0 和 1 的形式传导的。但没关系:任何信息,无论属于何种性质,都可以"翻译"为比特。有一种猜词游戏,它的规则是你自己想一个词,对方可以不断地向你提问,你只能回答"是"或"否",直到对方猜出你想的这个词,这里的"是"和"否"就相当于 0 和 1。因此,我们大脑中发生的一切都可以用这种方式来衡量。

神经生物学专家针对这个游戏写了很多文章，在网络上很容易找到。通过这些文章我们可以知道，在视网膜上形成的图像会传到视皮层上（视皮层的作用是存储和分析图像），传导速度相当于每秒钟100多万比特。要处理一个125000比特的画面并识别出画面中的形状，只需要不到一秒的时间。如果识别出的形状是字母，我们的大脑就会把它们拼起来变成单词，这个过程便是"阅读"。所以我们把书籍中的信息"下载"到大脑中的速度大约就是1000比特/秒。你理解这个原理了吧？

要估算大脑总共能处理多少信息就要更困难一些。研究人工智能的专家可以帮助我们找到答案。这些专家研究人脑的工作原理，试图设计出和大脑一样强大的电脑，他们从一开始就心知肚明：人每秒钟能够分析100万比特的画面，然后识别出画面中的物体，与此同时还能走路、骑车，而且走出的线路还比较直，我们现有的机器可做不到这些。控制论专家汉斯·莫拉韦克（Hans Moravec）认为，这至少需要每秒钟处理 10^{19}（1000亿个亿）比特，也就是比现在最强大的超级计算机还要快大概100倍。

所以我们假设，要记下一个想法，大脑的运行速度需要达到每秒钟 10^{20} 比特左右。如果大脑变成现在的两倍——也就是体积变成现在的8倍，它的运转速度会是现在的8倍（也就是将近10倍）吗？

处理信息需要消耗能量，而且温度越高，能量消耗就越大。物理学家将这种自然规律称为"热力学第二定律"。这就好比你要把散落的硬币在桌子上摆整齐，而这时你的小妹妹非要把硬币弄乱。她的速度越快,你就要花越大的力气来还原被弄乱的硬币。在这里,你的小妹妹就扮演了分子热运动的角色。这个故事告诉我们:在一定的温度下,大脑已经获得的每个比特的信息都需要消耗能量,而这个能量有一个最低值。生理学家发现,大脑在温度为37℃(也就是我们的体温)时,消耗的能量是几十瓦,相当于每分钟大约消耗1大卡,这些热量最多也就能支持每秒钟大约10^{20}比特的信息处理速度,与我们刚才的估算非常接近!这说明什么呢?说明人类大脑的效率就算还不够完美,起码也已经接近完美了,因此在不增加消耗的情况下,几乎不可能让大脑运行得更快。换句话说,如果我们的脑力变成现在的8倍,需要消耗的能量大概也得是现在的8倍!当然了,所有这些都只是粗略的估算,但是这些估算也足够引出一个大问题。

我们现有的大脑根据工作任务的不同需要消耗20—90瓦的能量,这已经非常多了。在青春期结束之前,人的身体还在不断发育,大脑需要学习大量的东西。在这个阶段,大脑中1千克多的灰质就要消耗一半的新陈代谢。也就是说,身体每秒钟产生的能量有一半都用在了大脑上。如果大脑需要的能量变成现在的8倍——或者说几倍——一个孩子身上的能量就会被全部用尽。所以,"假如我们的大脑变成两倍大",显而易见的结果便是:"我们会没命的。"

我们可以试试升高体温,让体内的小宇宙加速运转,这样不就能产生更多能量了吗!不幸的是,这样做也帮不了什么大忙。众所周知,在高烧时人体会非常不舒服。这是因为超过40℃,我们体内的"酶"就很难保持正常的结构，也就没法工作了，而酶是发生多种反应所必需的化学物质（这从另一个角度证明，温度越高，处理信息需要消耗的能量就越多）。这样，如果体温过高，整个人体系统就会崩溃。那如果降低体温呢？处理信息消耗的能量自然就会变少，但是体内（包括大脑）的所有生物电化学反应都会变慢。事实上，考虑到人体各种分子的化学性质，我们的正常体温37℃其实是个相当不错的"谈判"结果。

所以现在我们只剩最后一个办法了：让身体变得更大，用更大的胃和内脏来消化、用更大的肺来吸入更多氧气、用更多的血液来运输各种物质，另外还要储存更多的脂肪……生物学家都知道，越大的动物产生的能量越多。他们甚至还发现，不同的物种都遵循同样一个规律：一个生物的新陈代谢量是其体重的 2/3 次方。按照这个规律来计算，要想每秒钟生产 8 倍的能量来供应我们变大的大脑，我们的体重就得是……一吨多！

头太大会不会很丑？

有这个可能吗？这可不好说。就目前我们已经知道的情况来看，没有任何灵长类动物有这么重（人类就属于灵长类动物）。几百万年前生活在亚洲的巨猿是已知最大的猿，它也只有500千克。它站起来身高将近3米，对于两足动物来说，这个高度是很危险的！所以，人类的后代几乎不可能长这么高、这么重来供给两倍大的大脑，反正站着是不行的。可是对于我们的大脑来说，站起来非常重要！

研究人类进化的专家认为，直立有两大作用。第一，我们的头部像棒棒糖一样立在脊柱的顶端，这就使头骨在进化过程中能够向各个方向生长。第二，在站立时，我们的"前肢"能够任意取用身边的资源、制造工具，从进化的角度来看，这就使人类的智力有了用武之地（如果只能设计却不能制造，那么设计能力就没用了！）。

接受现实吧！大脑变成两倍大、体重变为一吨的人类只能爬着走了——或者用手肘来支地，让两只手能够自由活动。要想让大脑依然立在脊柱顶端，脖子就得变得特别长。没错，这样的人类丑极了。但是没关系，因为重要的不是外表，而是头脑（难道不对吗？）。可是这样的人类真的会更"聪明"吗？咱们慢慢分析。

大脑比人类还大的物种在自然界中并不少见。人类的人脑平均为1400克，海豚的比我们重200—300克，大象的大脑灰质更是达到了6000克，而抹香鲸的大脑是动物界里面最重的：将近8000克，也就是人类的5倍多……可是，这些动物没有一个比人类聪明。这是怎么回事呢？要知道，智力是最模糊的概念之一，我们只能试着去找答案。

简单来说，大象、抹香鲸甚至是海豚都比我们大得多、重得多，它们的肌肉像小山一样，肠道也非常巨大，对我们的大脑来说，控制肌肉、让肠道正常蠕动都是简单的"小事"，而这些动物却需要动用许许多多的神经细胞才能完成，以致它们的大脑虽大，但却基本都要用来控制自己的身体，剩不下什么精力来研究天文地理。生物学家很早就发现了这样一个规律：一个动物的身体越庞大，它的大脑就越大，所有的物种脑重和体重之比都分布在一条平均曲线的周围。生物学家认为，真正"聪明"的动物不一定是大脑最大的动物，而是脑重与体重之比明显位于平均曲线上方的动物。最好的例子是哪个物种呢？就是我们人类。体重为50—70千克的哺乳动物一般只有200克的大脑灰质，而我们人类少说也是它们的7倍。生物学家将脑重与体重之比称为"脑形成商数"，

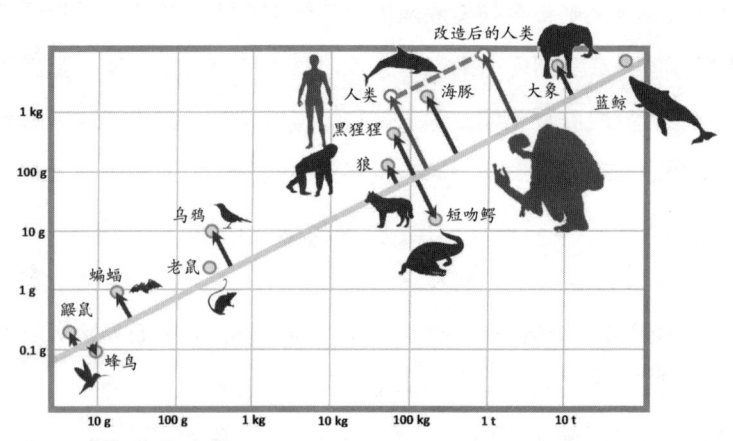

一个动物的身体越庞大，它的大脑就越大，所有物种的脑重和体重之比都分布在一条平均曲线的周围。

人类的脑形成商数最高，海豚只有5，大象不到2，而抹香鲸尽管有着8000克的大脑，可是40吨的体重让它们的智力也不过尔尔。

那么大脑变成两倍之后的巨型人类会不会变聪明呢？大脑的重量达到11千克，体重差不多和小象一样，那么我们得出的脑形成商数就是——7！和现在一点不差！（这是因为体重与脑重的关系和体重与新陈代谢的关系一样。）所以，按照现阶段生物学家发现的大脑大小与智力之间的关系，我们真是白折腾了半天。就算大脑变成两倍，身体也要变大才能提供足够的能量，最终的结果就是智力和现在没什么区别。

这个结果并不一定是完全正确的，但是我们却能从中得出两个惊人的结论。首先，脑袋大身子小的火星人（像电影《火星人玩转地球》中那样）从物理上讲是有可能存在的，但从生物学的角度讲却是不可能的。其次，无论身体是大还是小，人类的智力已经接近了大自然生物体的极限。这样看来，也许有一天我们会遇到更理智、更博学或者文明程度更高的外星人，但他们很可能并不会比我们更聪明。放心了吧？

假如自行车的速度可以匹敌光速

光速,那可不是一般地快!在日常生活中,这样的速度一定会让我们猝不及防。以下内容,胆小勿入!

今天早晨,你买完早点正骑着自行车悠闲地往家走,突然,所有的物理定律仿佛都失灵了。是时空错乱了?还是你中了魔法?你发现你的自行车正在以 269813 千米/秒的速度冲刺,这可是光速的 90% 啊⋯⋯(仔细想想,大概还是中了魔法的可能性大一些。)

在你的周围,一道道亮光飞速闪过,眼前的一切都变了形,还出现了各种奇怪的色彩,像坐上了科幻电影中光速飞船一样(其实你还没有达到光速)。只有一件事和电影里不一样:你的第一感觉并不是自己在向前走,而是在向后退——你的家原本就在街的尽头,现在好像突然间越来越远了。

要想知道为什么会出现这些现象,咱们得先说点别的。爱因斯坦的相对论认为,光速是我们宇宙中最大的速度。对于任何人

在你以 90% 的光速冲刺的时候，你视野的中心会变得非常晃眼。前方的物体似乎越来越远，与此同时身后的物体却出现在眼前。你看到的画面会出现不一样的颜色：既有很深的蓝紫色，也有画面中央越来越暗的红色，甚至还会出现红外线（这就是为什么你的后视镜里一片漆黑）。

来说，光速都是 299792458 米/秒。仔细想想，这是很奇怪的，因为这就意味着如果你向光源靠近，另一个人站在原地不动，光速对于你来说并不会比另一个人更快，而是完全一样的。在此我们不再展开论述，但是我们都知道，速度等于要走的路程除以走完这段路程所需要的时间，爱因斯坦从中推导出的结论就是，对于你和另一个人来说，你们的路程和时间是不一样的。没错，我知道，这太不可思议了，但是别冥思苦想了，就是这样。你只需要知道，靠近光源会使路程变短（还会使时间膨胀，但现在不需要考虑这一点）。

结果就是，在路边的行人看来，你好像被向前压扁了。一般情况下，这种效果微乎其微。但当速度达到光速的90%，你和你的自行车看起来就只有正常长度的43%。但是要注意！对于你来说，不是你被压到前面去了，而是路人和街边的一切都以269813千米/秒的速度向后退了！但你看到的却是路人和街边的一切都被向前压缩了。

这又是怎么回事呢？大部分图书在描绘飞速前进时大概都会配这样一幅插图：行人看到飞速骑车的人被压向前方，而车上的人看到周围的事物退到身后、路程变短。可是今天早晨，所有人都发现事实完全不是这个样子！这是因为，以你现在这么快的移动速度，光线要费好大的劲才能到达观察者的眼中——这里的"观察者"既包括你自己，也包括周围所有看着你的路人。所以高速运动不仅会缩短距离，还会产生光学效应，（相对论还不够复杂吗？怎么还有光学效应！）让周围的事物难以辨认。

具体来说，在路人看来，你并没有被压扁，你在旋转！这种现象叫作"特勒尔旋转"，是科学家特勒尔在20世纪50年代发现的，奇怪的是这种现象几乎被物理学家们遗忘了将近半个世纪。

当你飞速前进的时候，和你处在同一高度的人会看到一个非比寻常的画面：在他们看来，你好像转了 64 度，因此他们看到的几乎是你的后背，就好像你和你的自行车正在横着走一样！而且马路对面的人也会看到同样的景象（别以为他们会看到你的正面）。

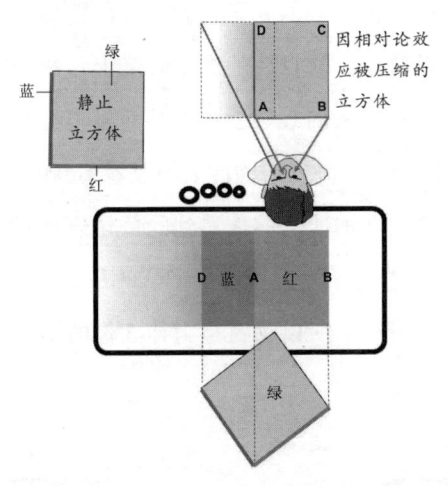

特勒尔旋转。想象一个彩色的立方体：上表面是绿色的，面向你的 AB 面是红色的，左侧的 AD 面是蓝色的。当这个立方体以极快的速度从你的面前经过时，它的长度受到相对论的影响会被压缩，AB 面就会显得窄一些。但是还不仅如此！要想让各处的光线同时到达你的眼睛，离你较远的 D 棱发出的光就需要比 A 棱和 B 棱稍微早一点点出发。但是在早一点点的时候，立方体还在靠左边一点的位置上。结果就是，蓝面的一小部分会出现在你的视野中……最终，你会觉得立方体在旋转。

"好吧"，你对自己说，"那我会看到什么呢？"和"特勒尔旋转"相对应的效应叫作相对论像差。这个名字挺吓人，其实道理很简单。这就好像在下雨天的时候，如果你静止不动，雨滴就会竖直落在你的身上，你移动的速度越快，雨滴就会越来越多地打在你的脸上，也就是落在你行进的方向上。对于光线来说也是一样的。各个方向的光线会随着你的突然加速一时间扑面而来！

这种光线的"聚焦"就会导致你的视野中心变得特别晃眼。而且这束光还会有点蓝，这是因为光线中的粒子——光子来自你面前的物体，打到你身上的光子带着更高的能量，表现出来的颜色就是蓝光。反过来，你身后的光子要赶上你的速度可没那么容易，所以它们表现出来的效果就会更暗、发出红色的光（出现在后视镜中的甚至会是红外线，因此人眼是看不到的）。

同样的道理，在加速之前你看到的一切现在只占据了你视野的 1/3，因此看起来似乎变远了。更糟糕的是，你视野中的其他东西其实都在你的身后。所以这就是为什么你的第一感觉是自己在后退！

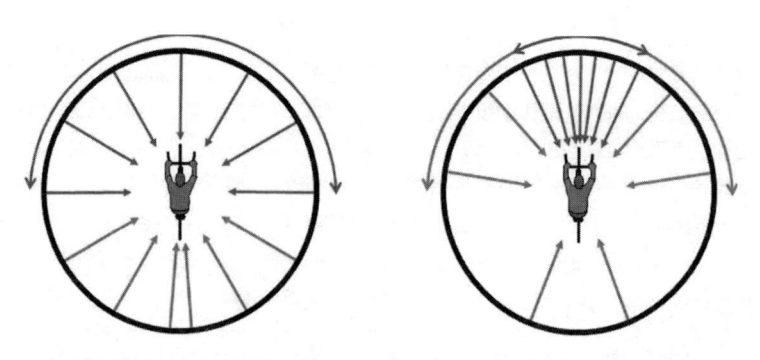

相对论像差。下雨的时候，你走得越快，直接打在你脸上的雨滴就越多。同样，当你的速度是光速的 90% 的时候，光束好像"扑面而来"：加速前出现在你视野中的一切现在只占你全部视野的 1/3，而身后的一部分光线好像从两侧照了过来。

你可能会说，这种感觉不会持续很长时间：以我这么快的速度,就算路的尽头显得更遥远了,我到达那里也用不了多久,甚至我一下子就能走到更远的地方去呢!理论上,是这样的……除非我们再把空气的因素考虑进去。这样一来,你的飞速之旅将会比你想象的还要短暂得多!

当你以 90% 的光速前进的时候,空气就没法泰然地在你身边流动,包围你、填补你身后留下的空间了,因为来不及。空气中的分子不断旋转、相互碰撞,一般情况下的平均速度是 400 米/秒。换句话说,这些分子的速度是你的六十万分之一,在你看来,它们似乎一动不动。你现在就像漫画书里穿墙而过的人一样,会在空气中穿过,留下一个跟你一模一样的洞!

这样的话,当你和自行车前面堆积的空气和你们的重量一样时,你就没法再往前走了。要积攒这么多的空气要走 100 来米,因此只需要 0.5 微秒!(这是从路人的角度来看。对于你来说,因为时间被放大了,整个过程大概还要再短一半。)停下来之后,你会发现自己的身上以及自行车的表面落着一层几十千克重的空气,压缩后的厚度是 0.01 毫米,温度差不多有 100 万亿摄氏度。你想得没错,"这也太吓人了"。

接下来会发生什么呢?说到"密度很大温度极高的气体",物理学家可能会想到太阳的核心,那里的密度为 150 千克/升,温度为 500 万摄氏度。在这样的环境中,原子核(太阳含有的是氢原子)就会发生激烈的碰撞,然后黏在一起形成更重的原子核(氦),同时释放大量的光能和热能。这个过程就是热核反应。哎呀!哎呀!哎呀!你堆积起来的空气会不会变成原子弹呢?

这可值得好好想想。原子核是非常微小的，只有原子大小的十万分之一，站在原子核的角度，它撞到其他原子核的难度堪比用子弹去打一粒尘埃，所以原子核互相碰撞是很罕见的情况。因此，在太阳的核心，1 千克物质发生聚变产生的能量和地球上 1 千克堆肥慢慢发酵产生的能量差不多。（没错！太阳之所以那么亮，首先是因为在它的核心有很多很多的物质。）这样，在你飞速前进的那个非常短暂的瞬间，核聚变产生的能量可能连一滴雨水都煮不开！

当然，你堆起来的空气大概要比太阳核心的物质密度大 100 倍、温度高 2000 万倍！事实上，宇宙中还从来没有发现过这样的东西呢。单从密度上来看，恒星死亡后留下的高密度尸体——白矮星可以达到这么大的密度。而单从温度上来看，大爆炸之后百万分之一秒内发生的分子碰撞差不多也就是这个温度。所以不得不承认，没有超级计算器，我们很难计算出来具体会发生什么。但这才是有趣的地方，我们先不管那些！就算我们假设所有的原子核都发生聚变，释放出来的能量也完全可以忽略不计，它只相当于 400 万吨 TNT 炸药——差不多是广岛原子弹威力的 250 倍……你觉得这已经很多了吗？继续往下看你就不会这么想了。

要引发大爆炸其实不一定非要用核能。空气之所以能够让运动的物体停下来，那是因为物体把运动产生的能量——动能——全部释放在了这团空气中。例如，当一颗 3 亿吨的流星——差不多就是直径为 600 米的小山那么大——以航天飞机的速度（28000 千米 / 时）穿过大气层时，它引起的爆炸相当于 20 亿吨 TNT 炸药，也就是所有大国全部核武器的总和。当你以光速的 90% 行进时，你 60 千克的身体也可以产生同样的效果！所以，0.5 微秒之后，你压缩起来的高温空气绝对可以让你的家乡（甚至整个省）变成一座喷发的火山：轰！

　　坏消息是你几乎瞬间毙命。事实上，在十亿分之一秒的时候，你只走过了 27 厘米的路程，这时你压缩起来的 160 克空气就有 1 万亿大气压了（这是地核压力的 30 万倍）。可是你的速度那么快，你根本停不下来！所以你会被压成一个平面，相比之下，相对论引起的长度变化已经不足挂齿了！考虑到所有这一切，无论是你还是你周围的任何人其实都没有时间去欣赏相对论的杰作……不过好消息是，没人会一遍又一遍地检测你是不是服用了兴奋剂。

假如地球是平的

在过去很长的一段时间里,我们的祖先都对此深信不疑。但仔细想想,人们之所以会有这种错觉,恰恰是因为地球是圆的!

说到地球是平的,人们首先会想到像大饼一样的地球,正如特里·普拉切特[1](Terry Pratchett)所描绘的碟形世界,但这样的地球并不是一个适合散步的地方:这里的地心引力很小(因为你的脚下没有多少物质),而且物理学家们都认为,这种"大饼"很快就会碎成千万块,但是别觉得失望。如果地球是个立方体,它的六个面也可以都是平的,而且很有可能在相当长的时间内保持这样的形状,这就值得我们好好讨论一下了。在方形的星球上,生活会是什么样子呢?跟紧了,这里和地球可完全不一样。

---

[1] 英国幻想小说家,代表作品为《碟形世界》系列奇幻小说。——译者注

现在让我们来想象这样一个星球：构成它的岩石和地球的岩石差不多，它的体积和地球一样，它表面的物体受到的"地心引力"也和在地球上相似，唯一的区别是，这个星球是棱长为10270千米的立方体。准备好了吗？变！好了，我们现在就站在了这个方形星球某个表面的中心……

当你睁开眼睛，你的第一个发现便是这个世界广阔无垠。在我们圆形的地球上，就算在比较理想的情况下——比如在海边，你能看到的距离也不过三四千米。因为地面是弧形的，所以光线需要"拐个弯"才能从地平线的后面来到你的眼前。在这里就不一样了。无论向哪个方向望去，你的视野都非常非常开阔，你甚至可以看到距立方体中心5000多千米的棱边。因此视野少说也比地球上远了1000倍！而这只是第一个惊喜。

如果你想走到立方体的一个顶角去，你就会发现一个非常诡异的情况。出发几个小时之后，走路变得越来越吃力，终于，你意识到一件不可思议的事情：从立方体某一个表面的中心出发，走得越远，原本广阔无垠的平地就变得越斜，大地好像立了起来，脚下的路变成了一座越来越陡的山坡！

如果仔细想想，你就会发现这是个很正常的现象。星球表面的物体都会受到这个星球的吸引，也就是我们所说的"地心引力"，引力的方向大致指向星球的中心。在球形星球上，引力的方向（也就是物体自由落下时的方向）是竖直向下的，总是与地面垂直。但在方形星球上却不一样，在这里，距离每个面的中心越远，引力的方向就会越贴向地面。当然，地面实际上并没有倾斜，它依

要想到世界的尽头去看一看，你得爬上一个越来越陡的坡，还得戴上氧气面罩，因为这个星球上的所有空气（还有所有的水）都聚在一起形成了一个巨大的半球形空气罩，覆盖在 20% 的陆地上。而且到了世界的尽头，你遇到的也有可能并不是人类……

然是平的。你觉得地面斜了，其实是因为引力与地面的夹角不一样了，别以为这只是一种幻觉。事实上，重力真的在拖你的"后腿"：如果放开一个小球，这个小球就会斜着落地。如果你一不小心摔了跤，你就会向你所在面的中心滚去！尽管这个方形的世界看上去是平的，但从地心引力的角度来说，它的每个表面都好像是盆地一样。聊以慰藉的是，离一个面的中心越远，离立方体的中心也越远，所以引力就会减小。当你到达顶角的时候，你的体重只有平时的 65%，这也会让"爬坡"的过程稍稍容易一些。

这可不得了！如果被释放的物体会向平面的中心滚去，那么生命所必需的空气、水等一切流动的物质肯定也就没办法均匀地分布在这个星球上啊！所以它们只能聚集在这个"盆地"的"底部"，也就是在立方体每个表面的中心形成一个巨大的水滴。如果地心引力的方向永远大致指向地心。所以，在方形星球上，当你向边缘移动的时候，引力的方向（即小球自由落地的方向）就越来越贴向地面，整个世界好像就要立起来了。这样一来，立方体世界的每一个面给人的感觉都像盆地一样，中间低、四周高。

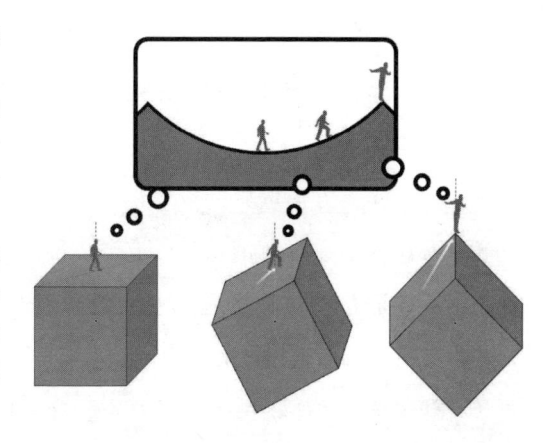

这个星球拥有和地球一样多的水和大气，那么这个立方体星球每个表面的中心都会鼓起一片海洋，直径大约有 2000 千米，和加勒比海差不多大。但海洋中心的深度会超过 100 千米，也就是比地

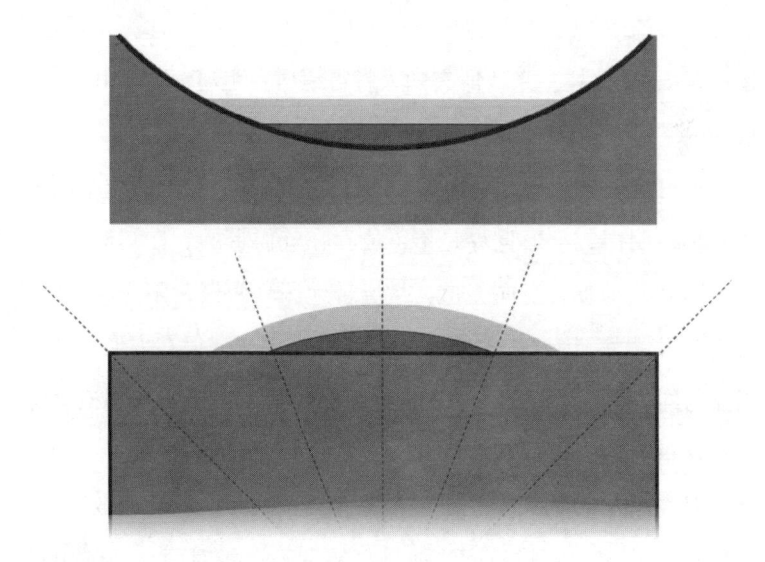

由于方形世界的每个平面实际上都像盆地一样，所以水和空气只好也向中心聚集。它们会形成半圆形的球面，球面上各处都与地心引力的方向垂直。

球上的海洋还要深20倍！这样的话，在这个方形的世界上，视野最不开阔的地方反倒是在海边，因为凸起的大海会让你连对岸都看不到！

　　和水一样，方形世界的空气也会向中间集中，形成半圆的外壳罩在海洋的上方。坏消息是，海洋周围只有一小圈土地被空气覆盖，适于居住。好消息是，人们走着走着就能去太空漫步了：只需要背朝大海向前走，用不了500千米，你就可以走出大气层！方形星球上4/5的面积都是宇宙真空，和月球一样。所以要想走到立方体的顶角，最好记着穿上宇航服！可事实上，早在走出大气层之前，在走了一两百千米的时候，你就会发现不仅地面变得越来越陡了，而且稀薄的空气也存不住太阳送来的热量，导致这里常年覆盖着积雪，和喜马拉雅山顶一样冷（所以你更觉得自己是在爬山）。这样一来，所有的人就得蜗居在距离海岸150千米的范围内了，而这个面积勉强也只有两个法国那么大！

　　你可能想要知道这个小地方的气候怎么样。要回答这个问题，首先你得明白，方形世界是不可能存在气候带的。在圆形的地球上，阳光几乎垂直射向赤道，从温带地区到两极，阳光与地面的夹角越来越大。因此，离赤道越远，温度就越低。但在方形星球上，阳光与同一个面上任何一点的夹角都是一样的，所以从理论上讲，你在这里无论走多远气候都不会变（除非你走到了可居住区域之外，那些地方完全没有气候）。至于温度的高低，这完全取决于方形星球自转轴的倾斜角度。如果自转轴经过相对两个面的中点，上下两个表面就会终年积雪，就像我们的南极一样，而其他四面则是热带气候。自转轴也有可能经过相对的两个顶点。这样的话，所有的面与太阳之间的夹角都是 45 度左右，那么处处就都是温和的气候了。

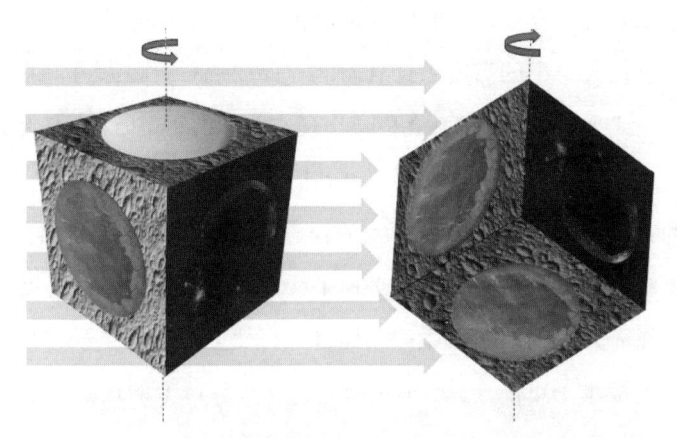

同一表面上每一个点的气候都一样。如果自转轴经过相对两个面的中点，上下两个表面就会终年积雪，就像我们的南极一样，而其他四面则受到阳光的直射，是热带气候。如果自转轴经过相对的两个顶角，那么所有的面都是"温带"气候。

无论是哪种情况，这里都不会刮太大的风。在圆形地球上，空气的剧烈运动能够把赤道地区过多的热量转移到温带。但方形星球不会出现这样的情况。我们最多考虑一下海洋上方的空气。海洋颜色较深，因此它上方的空气会吸收更多的热量。白天，海洋上方的空气温度更高，这些空气会向半球形大气层的上方移动。在高空，大气的温度下降，然后就会向四周降落，落到人类居住区的外缘，随后沿着地面向海洋的中心移动。所以"立方体星球"的天气预报每天都是老生常谈："午后有微风吹向海洋。"好了，咱们继续向星球的顶角前进。

走在一望无际的平面星球上，你该怎么辨认方向呢？在圆形地球上，几个世纪以来，水手们都是靠天文导航来指路的。他们通过测量日出和日落的时间差来算出东西方向的位置，通过测量北极星在天空中的高度来计算南北方向的位置（在赤道，北极星与地平线平齐；在北极，北极星出现在头顶的正上方）。但到了方形星球，天文导航就不灵了。这是因为方形世界没有时差，当你看到日出的时候，你这个面上的任意一点也都能看到日出；而北极星和立方体的边缘（也就是地平线）永远保持同样的高度，无论你在哪儿。但是没关系——你看大自然多么完美！——在平面星球上根本不可能迷路：你记得吗，这个星球上的任意一点都能一眼望到天的尽头，所以你永远知道自己身在何方。

历尽千辛万苦，你终于来到了顶角。最后几米路着实难爬，但是现在你可以歇歇了。你坐在金字塔的塔尖上，俯视着立方体世界的三个平面：一个是你的家乡，另外两个是你从未见过的异域，真是令人心驰神往。遥望着广阔无垠的平地，你隐约看到了泛着蓝色的生命带。看着看着，你突然想到了什么：这个星球上的六个生物圈都是完全封闭的，它们相互隔着几千千米的真空，各自独立，就好像是在相距很远的星球上一样！某一面上的恐龙可能还没灭绝，另一面可能长着用视黄醛代替叶绿素来进行光合作用的紫红色植物。要是别的面上也有生物想爬到顶角上看看，你可能就会和一对触角"四目相对"……想到这儿，你不禁起了一身鸡皮疙瘩。天啊，这真是一个奇特的星球！

可惜的是，这样的星球可能来不及孕育生命。要想知道为什么，你可以把立方体星球想象成带着棱角的球体。我们姑且把多出来的棱和角看作球面上巍峨的山脉。"巍峨"这个词用在这里其实有些苍白无力，因为这些"山脉"的海拔大约有 3000 千米，而喜马拉雅山也不过 8800 多米。然而，再坚硬的岩石也会慢慢变样——你去看看沟壑纵横的大山就知道了，而且这么高的山峰必然会很重，没有任何岩石在这样的重压下依然能够屹立不倒。因此，就算奇迹能够创造出这样一个方形的星球（很难想象真的会有这样的奇迹），它的棱角也很快就会塌陷、碎裂……总之，用不了十亿年（地球上出现生命就用了这么久），这个立方体星球就会变成一个球体。真是太可惜了！不过咱们这次漫步还是挺有趣的，不是吗？

假如真的有圣诞老人

12月24日晚上到25日天亮之前，圣诞老人将迎来有史以来最精彩也最危险的科学挑战。额……所谓"有史以来"，其实是自从上个圣诞节以来，因为圣诞老人每年都需要重新规划路线。你别不信，这真不是件容易的事！

没人知道圣诞老人是怎么在一夜之间把几十万吨玩具送到全世界的，但我们知道，在一长串问题中，他遇到的第一个难题便是一个非常古老却又非常棘手的数学问题：找到经过全世界所有乖孩子家的最短路线，而且每家只去一次……这个问题太可怕了，数学天才们想了将近两个世纪都没想出来！他们将这个问题称为"旅行推销员问题"（Traveling Salesman Problem），之所以有这个名字是因为1832年有一本教材列出了连接德国和瑞士若干座城市的所有最短回路，其目的是让旅行推销员在最短的时间内走遍这些城市，最后回到起点，把手中的货物销售出去。这和圣诞老人的问题是一回事！

圣诞节到了，所有人快躲起来！

这个问题最可怕的难点在于，城市的数量（N）越多，可以走的路线也就越多，而且会非常多。比如说，经过 4 座城市只有 3 条路线，但经过 10 座城市就会有 181440 条路线！而当城市的数量增加到 30 座时，可以想象出的路线就有 4420880996869850977271808000000（4.421×10^{30}）条。你想想看，在这么多条路线中找到最短的那一条该有多难！

然而，在我们这个时代，世界各国的孩子都在盼望圣诞老人的到来（包括佛教或伊斯兰教盛行的很多国家）。所以圣诞老人就得拜访全世界大概 5 亿个家庭。这样的话，他当然得找到最快的路线！可是要经过 5 亿个点，就算用世界上最强大的计算机把所有路线的长度都算出来，花费的时间也要比人的一辈子还要长……要靠它，圣诞老人肯定会严重迟到的！好在我们有小窍门。

科学家已经发现，如果在边长为 a 的正方形里随机分布着 N 个点，那么连接这些点的最短距离大致就是 $a\sqrt{N/2}$。不用慌，算起来非常简单:我们还是来计算 30 座城市的情况,如果这些城市散布在边长为 40 千米的正方形里——这是一个比较准确的估计,例如法国的瓜德罗普省就是这样——那么你就可以很确定地算出连接这些城市的最短回路差不多是 $40\times\sqrt{15}$=155 千米,虽然你可能没办法把这条路线从 4.421×10^{30} 条路线中找出来。这样的话,如果你随便选的一条路线是 158 千米,那你就不必再费劲找了(因为和最短路线只差 3 千米而已)。

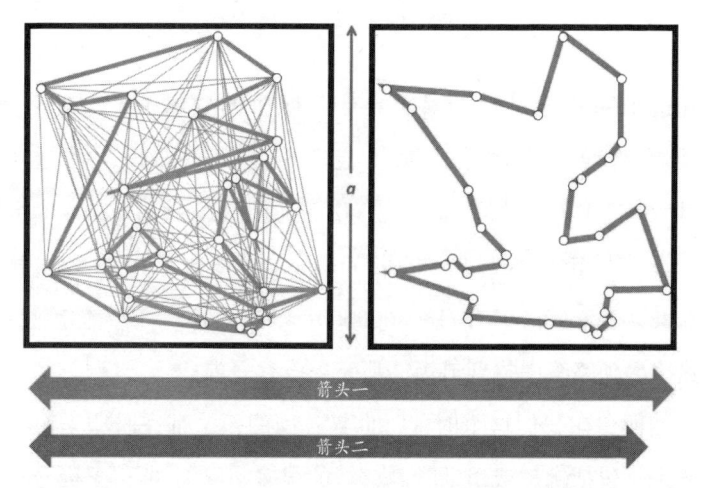

箭头一

箭头二

旅行推销员问题。推销员要不重复地经过 N 座城市,城市的数量(N)越多,可以走的路线就越多,而且非常多。比如说,要经过 30 座城市,就会有 442088099686985097727180800000(4.421×10^{30})条路线,其中有一些会特别长,比如左图。因此,要想找到所有路线中最短的一条(右图)是非常困难的,需要用计算机来完成大量的运算。幸好我们知道,如果在边长为 a 的正方形里随机分布着 N 个点,那么连接这些点的最短路线(箭头一)大约长 $a\sqrt{N/2}$(箭头二):我们在这里比较了两个长度,可以看出箭头二更短一些。当 N 比 30 大得多的时候,找一条长度接近 $a\sqrt{N/2}$ 的路线就可以了,谁都不敢说这一定是最短的路线,但这条路线一定不会比最短的路线长很多。

按照这种方法，圣诞老人经过整个地球表面上大大小小差不多200万座城市（大部分家庭都位于其中200座大巴黎地区这样的超级大都市中），总路程大约就是4000万千米（这是地月距离的100倍！）。接下来我们只需要找到和这个距离相差不多的路线就可以了，可就算是目前最好的程序，完成这个工作也得用一年多的时间。这不是在骗人吗！明明是在一年的时间里表现不错的孩子才有资格得到圣诞礼物，圣诞老人怎么可能在这一年还没开始的时候就拿到名单开始计算路线呢？很可能父母都是骗我们的，而所谓的"好孩子"实际上都是圣诞老人提前随机抽中的……大概就是这么回事！

圣诞老人有多长时间来完成他的环球之旅呢？首先迎来平安夜的地区是太平洋的岛屿，接着是日本、菲律宾、新西兰还有澳大利亚的东海岸。所以圣诞老人应该从这里开始。事实上，要解决旅行推销员的问题，圣诞老人最好不要把地球上所有的城市作为一个整体，而是要找到既经过他的"大本营"，又能将所有同时入夜的城市涵盖在内的最短回路，也就是以时区为单位规划路线。如果圣诞老人走完每个时区都用时1个小时——这样他到达每家每户都是当地时间零点至一点之间——那么走完全世界就需要24个小时。但其实不用那么匆忙，他可以在22点出发飞越太平洋，早晨6点左右离开美国西海岸。这样的话，他就可以有31个小时走完4000万千米的路程。这种方法的好处是，圣诞老人在多次往返的过程中会有24次经过北极，因此他就可以分批运送玩具，而不需要从一开始就拖着几十万吨礼物了，姑且假设他每次出发只需要带两万吨吧（这也足足能撑起一个直径四十几米的大口袋了，不过这也没办法，不能再小了！）。

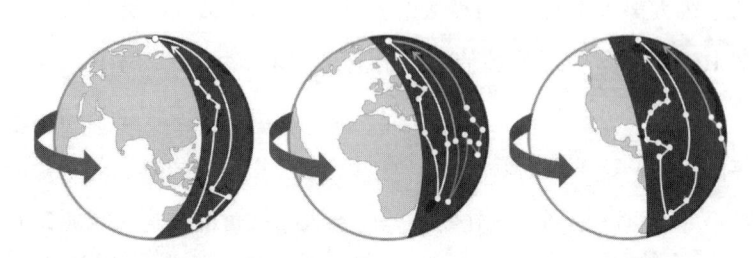

圣诞老人的环球之旅。圣诞老人通过时区来解决旅行推销员问题，也就是按时区将所有城市分类，每一个来回只去一个时区，总共 24 个来回，这样中间就可以回到北极 23 次来补充玩具。通过估算我们可以发现，他需要在 31 个小时内走完 4000 万千米的路程（每个时区用时 1 小时 20 分钟）。

结果怎么样呢？就算有 31 个小时的时间，圣诞老人也得快马加鞭。没人知道飞驰的驯鹿每天都吃些什么神奇的饲料，但算上去厕所的时间、停车的时间还有去每家每户钻烟囱、放礼物的时间，它们的平均速度必须得达到 350 千米/秒！可是，以这个速度，只要稍一分神没控制好雪橇的方向，圣诞老人直接就会冲出大气层。别指望重力会把他拉回地球：这么快的速度别说是地球了，就连太阳都拉不住他！嗖——如果不想离开太阳系，驯鹿们就得继续加紧脚步转个弯往回走，在宇宙空间兜的这个大圈子当然会让总路程变长许多，而且还会让驯鹿们浪费不少力气，因为宇宙空间没有空气阻力来帮助它们减速。所以他们最好要在大气层中保持合适的高度。可是还有一个小问题。雪橇的速度比超音速还快得多：大概是 1000 马赫，也就是音速的 1000 倍。要知道，世界上最快的航空器也从来没有超过10马赫，而且比起拖着巨大的雪橇、雪橇上坐着体重明显超标的老爷爷，还载着直径40米大口袋的八只驯鹿，航空器的流线型设计怎么说也更适合飞行吧！

在人类历史上，科学家们还从来没有在大气层中发现过速度这么快的庞然大物（导致恐龙灭绝的外来天体速度仅仅是它的1/10—1/5），所以我们很难预测究竟会发生什么，不过我们还是大致得出了三个数字：第一个数字是计算摩擦生热产生的能量会使周围的空气升高多少摄氏度；第二个数字借助了一个估算规则，这个规则认为，航天设备返回时的温度在数值上大致相当于其速度以米/秒为单位时的大小；第三个数字考虑到了雪橇和空气变热后会发光，每秒钟释放的光能就是摩擦产生的能量，根据这个可以算出温度。无论是哪种情况，我们都算出神奇的雪橇和它周围的空气大约有50万摄氏度。所以可以肯定的是：要热死了。

两座城市之间的平均距离差不多是10千米，以350千米/秒的速度，这一下冲刺会产生非常强烈的冲击波，同时释放出相当于优质核武器爆炸时的能量，这些能量表现为光能、热能，还会带动被压缩的空气像巨斧一样扫过整片城市，这还不是唯一的问题。要达到如此快的速度，圣诞老人在出发时的加速度大概得达到重力加速度的500万倍，也就是说他会被相当于体重500万倍的力紧紧地压在座位上，这也不是太大的问题。毕竟这只关乎圣诞老人他自己，如果他愿意变成一团粘着鹿毛和游戏机灰烬的肉泥，这就没什么了。

问题是要走遍一个城市，比如说巴黎地区，圣诞老人神奇的雪橇就需要在3分钟内东奔西窜地走完6万千米——这将是地狱般的3分钟：几百万次声爆连成一片，城市的上空闪现着一道道刺眼的亮光，就连沙特尔和桑丽思这样距巴黎几十千米的小镇都会被震碎玻璃，天上一片世界末日的光景。如果这时候你想紧闭大门躲在地窖里，那就双手合十祈祷圣诞老人"决定"不来你家了吧（甭管他是怎么决定的），因为万一他要来，他那120千克的身体（圣诞老人至少也得这么重）一闪而过带来的气流足够让整个房子碎成渣！

说实话，圣诞礼物还是由父母来准备吧，这样大家都能睡个安稳觉！

假如挖一条贯通地球的隧道

只要进入隧道,一瞬间就能到达地球的另一端了。
嗖——

当然,这样的大工程可不是一朝一夕就能完成的。迄今为止,人类所挖的最深的地洞(俄罗斯科拉半岛的超深钻孔)也只不过是轻轻抓了抓地球的皮毛:经过20年的不懈努力,它的深度仅为12262米,连地球直径的1/1000都不到。但这并不能成为我们放弃的理由!要想穿过几千千米越来越烫、越来越软、压得越来越紧的层层岩石挖出一条隧道(最高温度可以达到5500℃,压强为300万大气压),我们"只需要"用隔热性能非常好的超抗压材料建起隧道的墙壁就行了。啊!如果这种材料能够像混凝土一样容易浇注,那就再好不过了。事实上,这种东西是不存在的,但是它有个名字,叫作"难得素"(Unobtainium)——美好至极但又并不现实的东西。工程师们借助它来想象最荒诞不经的工程,当然,他们也只是想想而已！

空想一会儿又何妨呢！假设我们用"难得素"建成了一条巨大的隧道，隧道的直径为 10 米，深度为 12742 千米，它穿过地心贯穿地球的两端。但是别急着开通隧道列车，咱们还是谨慎一点，先想想里面会发生什么。

如果一个问题的答案是"42 分钟"，那么这个问题可能就是："穿过任意一条地球隧道需要多长时间？"

我们想到的第一个问题就是空气。在地球表面，空气给你的压力只是在你头顶和肩膀上方一直延伸到太空的这个空气柱的重量。事实上，我们认为这个空气柱的高度为 8 千米，因为 90% 的大气都聚集在这个高度以下。但是在隧道中间，也就是在地心，你上方的空气柱至少也要高 800 倍！结果就是，进入隧道之后越往里走气压就越高，空气的压力和密度很快就会达到惊人的程度。还没走 50 千米，气压就已经比海底还高了！

当深度将近 100 千米的时候，隧道里的空气就完全不像正常的气体了。这时的空气并没有完全变为液态（温度降到零下 140℃空气才会液化），但也差不多了：它现在是"超临界"状态。也就是说，空气中的分子像液态水中的水分子一样一个挨着一个，已经挤得不能再挤，这样的空气已没有继续被压缩的余地了。此时空气的密度几乎相当于 90% 的酒精，也就是 800 千克/立方米左右！而且这还不是最可怕的。

再往前走差不多 1000 千米，压力达到十万个大气压。近 20 年的实验表明，此时的氧气在常温下就会变为固体！它凝结成红色的鳞片状冰晶，密度很大，所以会在超临界状态的空气中下沉。这样一来，变成了固体的氧气将向地心移动，3/4 的隧道就只剩氮气了（氮气占空气的 80%）。有趣的是，这种化学物质自然分离的现象根本算不上新鲜事：越重的物质越向地心集中，地球的铁核就是这么形成的。可悲的是，这就导致我们的隧道被几百千米厚的固体氧气结结实实地堵住了！你看，小心驶得万年船，还好没让旅客们出发。

我们由此得到一个结论：绝对不能让隧道里进空气！隧道必须要保持真空状态，而且另一端应该连接着一个有闸门的密封舱。还有一点非常重要，那就是所有人都要始终牢记随手关门。这些要求都清楚了之后，我们的隧道列车就可以开动了。

瞬间，所有乘客都处于失重状态，而且全程都将保持这个状态。其原因就是在真空状态下，所有物体都会在重力的作用下同步下降。所有的乘客和他们身边的一切物体在任意时刻的降落速度与列车都是相同的，所以他们会觉得自己漂浮在车厢里。其实，这里的失重和自由落体就是一回事！

我们的列车会停在哪里呢？整个列车在重力的作用下不断地向地心驶去，但随着我们离地心越来越近，重力就会越来越小。从地表出发时，我们列车受到正常的重力，也就是重力加速度为 9.81 米/秒^2（用 1g 来表示）。如果我们假设地球是一个均匀的球体（各处密度相同），那么在距离地心还有一半路程的时候，重力加速度就只有 0.5g 了，而到了地心，重力加速度就会变为 0。列车在到达地心前一直做加速运动，到达地心时的速度高达 28440 千米/时，可是一旦经过了地心，它就不会继续加速了，因为重力的方向总是指向地心，过了地心之后列车就会受到反向的重力加速度而减速。那么结果就是，当列车到达地球的另一端时，它就会停下来。如果这个时候没有什么东西把车拉住，它就会再次下落做反向运动，就像悠悠球一样。我们的列车仿佛被橡皮筋系在了地心上，离地心越远，我们受到的拉力就越大。

所以我们要在地球的另一端装上抓斗，使列车一到就被牢牢地抓住，这样的话，到达地球的另一端仅仅需要 42 分钟，而且什么燃料都不用。你知道吗，如果坐飞机飞这么远，那得连续飞行 21 小时，消耗航空煤油 190 吨。这么一比，地下隧道的优势就非常明显了！

问题是所有这一切都得在完全没有摩擦力的情况下才能实现。可是，就算我们花大价钱打造出绝对真空，还是不能将摩擦力统统消除。这是因为，地球的自转会产生一种神奇的力量——地转偏向力，这个力会导致隧道列车一直向右偏。所以我们的列车全程都得与隧道的边缘不断摩擦！除非我们再消耗大量的能量创造一个强大的磁力场，把列车拉回来，让它碰不到侧壁，不然我们就只剩一个办法了，那就是把这条隧道建在南极和北极之间……哎哟喂！谁会经常去南极和北极呢？

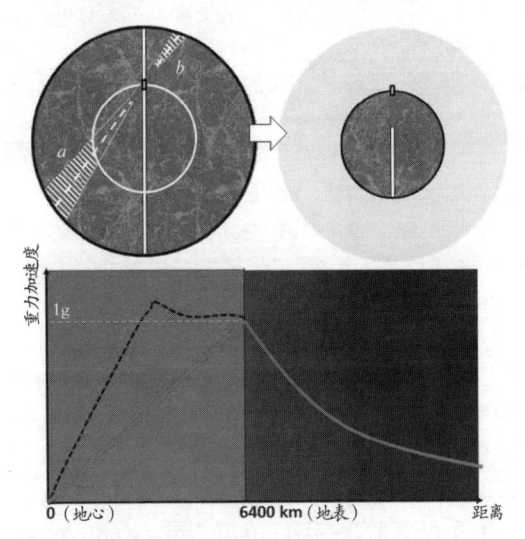

隧道内的重力。在某一方向上（上图虚线），地球的 a 部分（体积较大、距离较远）与 b 部分（体积较小、距离较近）对该方向上某点的引力大小相等、方向相反。因此这两个力相互抵消，所以我们的列车在隧道中只受到它下方靠近地心的那一部分地球的引力。就好像进入隧道之后，隧道上方物质就消失了一样。如果我们假设地球是均匀的，那么隧道内重力的大小就与距地心的距离成比例变化：在地心处重力加速度为 0，在距离地心一半距离时为 0.5g，在地表为 1g。这样看来，隧道列车好像通过橡皮筋或者弹簧与地心连在了一起：离地心越远，受到的引力就越大。物理学家将这种现象称为"简谐运动"。但事实上，地球并不是均匀球体，重力加速度与深度的关系没有那么规律（下图虚线）。但这一点对于我们这个问题几乎没有任何影响。

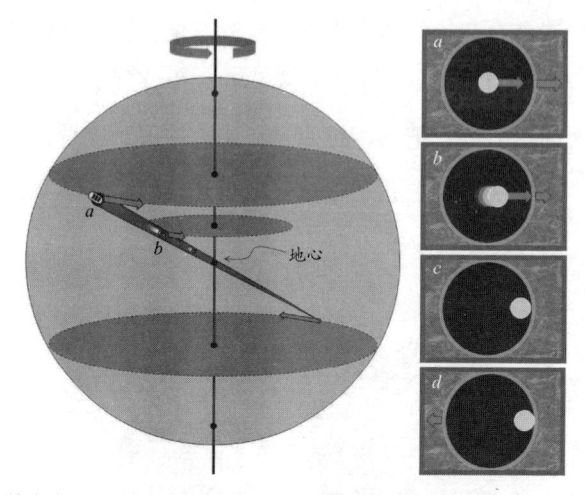

地转偏向力。因为地球在自转，所以隧道列车和隧道入口（a）每24小时就会随着地球转一个大圈。以巴黎来举例，它所在的纬线自西向东（向右）旋转的速度约为1116千米/时。在下落的过程中，隧道列车会试图保持这个"水平方向"的速度，但是随着深度的增加，隧道壁在水平方向的速度会下降。比如说，深度为100千米的b点在24小时要走过的圆就小一些，所以这里的速度只有1098千米/时。这样一来，隧道列车就会越来越靠近右侧的墙壁，最终贴在墙壁上（c）。在下降的过程中，隧道壁的自转速度越来越慢，隧道列车就会一直靠在墙壁上（这与公交车突然刹车时乘客都会向前倾是一个道理）。驶过地心后，情况就反过来了……不过结果还是一样的！隧道的墙壁随着地球向左自转的速度越来越快，因此就会给隧道列车向d方向的力。总之，在整个旅行过程中，就好像一直有一个力把列车向右推，让它一直贴着右侧的墙壁。

这就引出了我们的最后一个问题：你想通过这条隧道去哪儿呢？如果仔细看看，你会发现穿过地心的路线其实都到不了什么地方，大概也就只有北京的郊区能和阿根廷的首都布宜诺斯艾利斯连起来。大部分人烟稀少能够挖隧道的地方最后都通向大海！所以，我们的隧道最好能斜着挖，不经过地心，这样我们就能随心所欲地选择起点和终点了。这时，你会发现一件非常神奇的事情。

比如说我们要在巴黎和东京之间挖一条直线隧道，这条隧道在一开始就会是一个非常陡的下坡（与水平方向呈 41 度角）。当然，到了出口就恰好相反：变成上坡。如果在一端释放一辆列车，它就会全速冲下去，当到达隧道的中点时开始上坡，到达另一端时速度减为 0，就像坐海盗船一样。但最妙的是，走完这段路程和穿越地心所用的时间一样，都是 42 分钟！事实上，无论起点和终点在哪儿，走完所有的直线隧道都需要 42 分钟。为什么呢？这

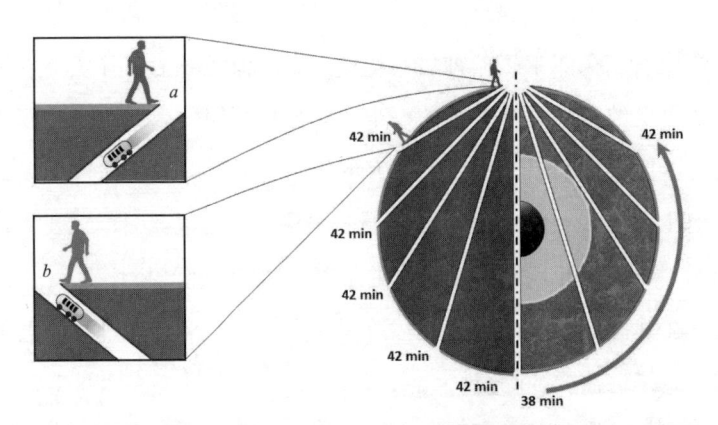

倾斜隧道。在倾斜隧道的一端释放一列火车，它就会从起点（a）向下冲，在下坡过程中形成的巨大速度使它能够冲上后半程的上坡路，到达 b 点。（这个直线隧道给人的感觉是一个下坡连着一个上坡，这是不是和"假如地球是平的"这篇的内容有点相似之处呢？）

如果地球是均匀球体，走完所有的直线隧道都需要同样的时间（42 分钟）。但事实上，地球并不是均匀球体：地核含有高密度的铁，外面包裹着的岩石层比铁轻 3 倍。所以走完每个隧道的时间其实都不一样，但相差并不多——这倒是很惊人——最多只差三四分钟！

是因为坡度越小，降落的加速度就越小，所以速度就越慢，但这样的隧道距离也越短，将距离和坡度这两个因素综合起来的结果就是：时间不变。（对于物理学家来说，这是"简谐运动"的一大特点。）

理论上，连接地球上任意两点的直线隧道都只需要不到 45 分钟就能走完，而且不需要任何燃料，只依靠重力！（而且很多隧道都不需要经过地心，建造这样的隧道并不是那么天方夜谭。）可现在为什么连一条这样的隧道都没建成呢？

就拿英吉利海峡的隧道来说吧。这条隧道并不是标准的直线型，但是没关系，理论上，火车只需要在起点放开刹车，只靠重力作用就能在四十多分钟后到达终点了。但实际上，穿过英吉利海峡需要的时间只是这个的一半，而且也不用什么真空、磁场来避免摩擦力！如果依靠我们现有的技术（隧道的地下深度最多只有十几千米），我们能够建成的最长最深的隧道也就只能让我们在 42 分钟的时间里跨越 700 千米的距离，这也没比飞机快呀！

在其他星球上又如何呢？道理还是一样的，只不过月球上走完直线隧道需要 54 分钟，在火星上需要 50 分钟，在水星上需要 42 分钟。这些星球的深层岩石温度比地球低一些，也不会那么软，所以挖掘起来能够轻松一些（如果我们暂且忽略运输各种设备有多么麻烦）。而且因为这些星球（几乎）没有大气层，那么就不需要再考虑真空的问题，同时飞机在这里也是毫无用武之地的……所以尽管挖一条贯穿地球的隧道现在还不太可能实现，我们不妨把这个想法记在心里，有朝一日到了别的星球也许就用得上啦！

假如性别不存在

要是没了男女之分,生活会不会失去很多乐趣?也许吧……不过最让生物学家惊奇的是,在最初的一段时间里,生活会变得比现在更好!

也许你一直以为能够无性繁殖的只有单细胞微生物,它们一分为二,复制出一个一模一样的自己便完成了繁殖。所以你就会说,假如性别不存在,那么世界上就不会有郁金香,不会有大象,也不会有猴面包树了——总之,就只剩下非常原始的生物了呗。哈哈,这你就大错特错了。做好心理准备,咱们现在就去参观一个没有性别的世界,那里可比地球平静多了,一群长满树叶的绿色雌性生物过着自在的生活……你也许会想:"这都是什么胡言乱语?"别着急,你一会儿就明白了。

首先,在今天的世界,大多数复杂的动植物(也就是由数不清的细胞构成的生物)的确都有雌雄两性。说得更确切一些,雌

这是一个平静的世界，住着一群长满树叶的绿色雌性生物……

性是指能够产生卵子的生物体，而卵子是可以自主获取营养、完成呼吸作用的完整活细胞。不过，卵子只包含雌性生物一半的基因。换句话说，要创造一个新生命，卵子只能提供一半的信息。卵细胞唯一做不到的事情就是通过自我复制产生一个完整的有机体，所以就有了雄性。对于生物学家来说，雄性生物不过是些游手好闲的懒汉，它们只会产生一些非常原始的精子（或花粉），而这些精子也只有一个用处，那就是把父亲一半的基因送到卵子中去。随后，受精的卵子便包含了完整的遗传信息，接下来就顺其自然了！说到这里，我们发现，如果雌性生物的卵细胞从一开始就包含全部而不是一半的遗传信息，她们就可以繁育出和自己一模一样的后代了，根本用不着雄性！你知道吗，这种现象在自然界真的存在，它叫作"孤雌生殖"。

孤雌生殖在轮虫类动物中非常常见。轮虫是多毛、半透明的圆筒状生物，一般都非常小，但仍然是由很多细胞构成的。如果你觉得这样的生物跟微生物一样不足挂齿，那么我要告诉你，很多昆虫，比如蚜虫，甚至还有一些脊椎动物都是通过孤雌生殖的方式来繁殖后代的。人们最近发现，黑边鳍真鲨也出现了孤雌生殖的现象：2007年，弗吉尼亚州水族馆的工作人员在他们水域内发现了一头即将临盆的鲨鱼，而这片水域从未有雄性的黑边鳍真鲨进入人们的视线——雌性鲨鱼腹中的小鲨鱼正是妈妈的克隆。人们在锤头双髻鲨和科莫多巨蜥中也观察到了同样的现象！这些物种大多当然都可以选择通过精子与卵细胞结合的方式繁殖后代（也就是需要雄性的参与），但有时候它们并不这么做。最著名的例子就是新墨西哥鞭尾蜥蜴，或者我们可以直接把它们叫作新墨西哥鞭尾母蜥蜴，因为这种蜥蜴只有雌性！一个有趣的小细节是，这些蜥蜴也喜欢被爱抚，这可以促进它们排卵，而只有能够吸引到同性伴侣的母蜥蜴才能复制出一个又一个的自己……总之，从理论上讲，大自然没有任何规定说植物或是比较高等的动物一定得父母双全！

这样我们就得出了第一个结论：在没有性别的世界，生物圈也可能是非常复杂的。只不过到处都只有雌性，也就是说只有母鲨鱼、母蜥蜴，当然也可能会有女人、雌性蝴蝶、雌性的杨树林，还有盛开着雌性虞美人的花田。而且感谢上苍，她们的日子过得好极了。事实上，她们的生活乍一看比我们还好呢。你想想，男女有别给我们的生活带来了多少不便！（没错，没错！开动你的想象力吧！）

首先，对于所有物种来说，交配都是件很累人的事：大家得去寻找另一半，吸引对方的注意（通常来讲这都不太安全，因为周围到处都是天敌），然后还得让另一半愿意为自己生儿育女。所有这一切意味着要消耗大量的能量：雄性蟾蜍要拼命地呱呱叫、雄性喜鹊为了吸引雌性得搭出一个璀璨夺目的窝，人类则得几小时不吃不喝地"煲电话粥"，或者弄出各种花里胡哨的鲜花。有的植物甚至会累得油尽灯枯，比如龙舌兰开花后母株便会枯死。在没有性别的世界，让这些都见鬼去吧！总的来说，生活会轻松安宁得多。而且从理论上讲，这可能会让所有生物的存活率都高一点。

其次，当性别存在时，各种生物总是会陷入一种非常可怕的恶性循环之中，这种恶性循环就是"性选择"。最好的例子便是孔雀。在历史上的某一段时间，雌孔雀更容易被羽毛更长，同时（或者）颜色更鲜艳的雄孔雀吸引。它们繁殖出来的雄孔雀就会遗传父亲的特征，羽毛的颜色也会稍微好看一些。这样一来，新一代雄孔雀要想找到配偶，它们的羽毛就得比上一辈还要亮丽。渐渐地，雄孔雀的羽毛都变得格外华美，而且又多又长，这种外形让它们变成了唾手可得的美味佳肴：任何动物只要有点模模糊糊的视力，而且跑得不太慢，就完全可以抓住它。总之，只要有一个性别齐心协力地在一个小细节上对另一个性别吹毛求疵，那么这个细节就会被不断放大，以致有的时候，最容易找到配偶的个体可能会有致命的弱点（这种弱点通常出现在雄性身上，有的时候雌雄两性都有，出现在雌性身上的情况较少）！因此从这一点来看，性别的存在也有可能降低某一物种的存活率。

在没有性别的世界里，大自然就可以避免这种极端现象的产生。当然这个世界也不会有太花哨的东西，既不会有怒放的花朵，也不会有色彩斑斓的飞禽走兽。这样一来，最安全的策略就是让自己尽可能地不显眼。我们可以想象，当各种生物都努力地使自己和身边的一切越来越相似，那么所有的物种最后都会变成同一种颜色——很可能是植物叶绿素的颜色——甚至还会长出树叶形状的毛发、羽毛或是鳞片。这就是安静祥和、绿意盎然的无性世界，长满树叶的绿色雌性生物在这里安然生活。

　　按理说，这样的世界应该是非常非常稳定的，可是这个物种或是那个物种偶尔也会出现类似雄性的生物，而且这种可能性是很大的。因为，除了孤雌生殖之外，一个动物也有可能把自己的基因成功插入其他动物的细胞里，这样的细胞不断复制，就会把二者的遗传基因传给下一代。别以为这种现象很难实现，恰恰相反，这种小伎俩从生命起源的时候就存在了，任何一种微生物都对它了如指掌：病毒就是这么繁殖的！但是，就算一些个体能够通过这样或那样的方式偷偷把自己的基因放到其他个体的卵细胞中，扮演"雄性"生物的角色，它们还是会遇到问题，这个问题就是有性生殖的第三个缺点，也是最大的缺点。雌性生物要产下只有自己一半基因的后代需要消耗非常多的能量。更重要的是，它的后代中只有一半是雌性，能够继续孕育生命，而另一半是雄性，不能孕育生命。这种浪费就导致有性群体的增长速度比无性群体慢得多。总之，进化学家认为，在我们的世界中，如果某一有性物种偶然出现了一个能够进行孤雌生殖的雌性个体，那么该雌性个体的后代很快就可以取代所有同类，麻烦重重的交配行为就会彻底消失。你还记得我们刚才提到的"同性恋"蜥蜴吗？它们可能就经历了这些。这样一来，我们应该问的问题变成了"既然这样，那为什么还会有性别存在？"

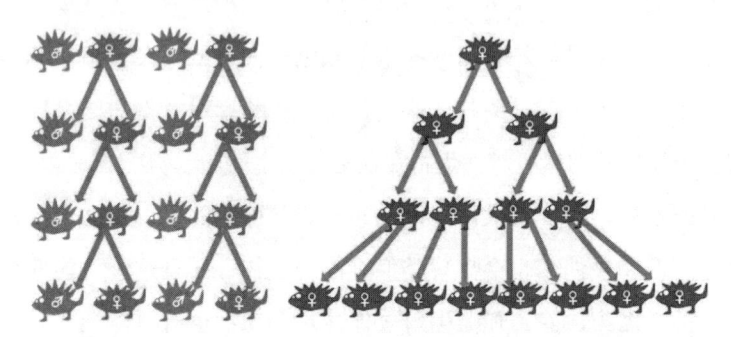

孤雌生殖（图右）比有性生殖（图左）效率更高，因为孤雌生殖产生的所有后代都具有生殖能力，而有性生殖产生的后代只有一半可以孕育后代。图中，在相同的情况下，每一代的雌性生物都分别能够繁殖出两个后代，我们可以看到，左边种群的个体数量保持不变，而右边种群的个体数量在不断翻倍！

对于这个问题，专家们各执一词，但他们都认为没有哪个环境是稳定的：生存环境一直在变，有的时候变得还非常快。就拿微生物和寄生虫来说，它们必须依赖宿主才能生存。为了增强抵抗力，它们不断发生突变，而且速度很快（在不到50年的时间里，几十种细菌都对抗生素产生了抗药性）。如果一个物种只有雌性，那么它们的基因可能都是一样的，如果其中一个不幸感染了病毒，那么几乎可以肯定，它的阿姨、姐妹还有表姐妹们对这种病毒也没有抵抗力。最终，这个物种迟早有一天会从地球表面消失。相反，如果一个物种既有雌性又有雄性，那么每个个体的基因就都是由其父母的基因随机组合而成的，因此没有两个个体的免疫系统会完全一样（除了同卵双胞胎）。这样的话，就算暴发了传染病，也只会有一部分个体不幸遇难……

因此我们的最后一个结论就是，假如没有性别，生物的灭亡速度会更快。如果在这些雌性生物中偶然出现了类似雄性的个体，它的基因当然不会像同类那样遗传得那么快，但是谁笑到最后，

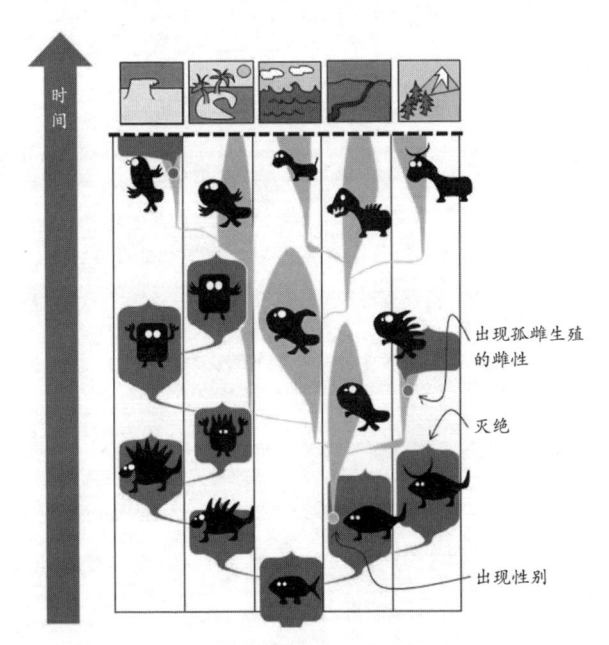

基因突变使一些物种逐渐获得了超强的抗寒能力、在空气中呼吸的能力等，也产生了能够适应新环境的新物种（图中纵向）。如果这个物种通过孤雌生殖的方式繁殖后代（深色阴影），它会比有性生殖的物种（浅色阴影）更快地占领全部地盘。尤其是当已经存在的有性生殖物种突然出现孤雌生殖的个体时，孤雌生殖个体的后代会很快取代有性生殖的同类，使其灭绝。

但孤雌生殖的群体抵御病毒的能力更低，如果出现病毒，它们全军覆没的速度会更快。因此，就算群体中一开始不存在性别，只要出现了一个雄性，足够长的时间后，这个群体中的大多数还是会变成有性生殖的个体。

谁笑得最好：它只需要耐心等待，等到变异的寄生虫让孤雌生殖的群体灭亡，它的时代就到来了。千万年过后，经过不断的基因突变，第一个有性生殖的物种就会孕育出新的物种，而新的物种也只需要假以时日便可以坐拥天下……所以到最后，大部分物种都拥有雌雄两性。这个故事告诉我们，就算性别不存在，早晚也会有的。世界是不是充满了希望！

假如我们造一个黑洞

"天啊……这可不是个好主意！"你可能会这么说。因为你一定听说过，黑洞是一个巨大的物体，万事万物都逃不过它的引力，就连光也会被它一股脑地吸进去……

如果在实验室里造一个黑洞，那么制造它的机器以及设计这一切的疯狂科学家是不是都会被吞进去？最后是不是连整个地球都会无影无踪？哈哈，不会的。黑洞常常被当作宇宙吸尘器，可是这个坏名声完全名不副实，造一两个黑洞其实好玩得很！咱们从长计议。

理论上，要造一个黑洞，你"只"需要把任何一块物体压缩到足够小就可以，你的原材料既可以是一个铅球，也可以是一个月球。使劲，再加把劲！这么做的目的是使物体中的分子紧紧地挤在一起，这样，分子之间的相互吸引力就会变得特别大，以至于物体的速度得超过光速才不会被吸引进去。想象一个虚拟的圆球，如果把我们刚才压缩的那个物体放在球心，只要在圆球内部的物体都会被它吸引过去，那么这个圆球的半径就叫作史瓦西半径。这个名字是为了纪念物理学家史瓦西（Schwarzschild）而设立的，他预测了黑洞这个神奇的存在，过一会儿你就会觉得，这简直是命运的安排。

假如有一个非常非常小的黑洞绕着地球运行，它的亮度会是满月的8倍。

根据爱因斯坦的理论，没有什么会比光速还快，所以如果把一个物体不断压缩，当它的半径小于它的史瓦西半径的时候——如果你压缩的是铅球，那么它现在比质子还要小一万亿倍；如果你压缩的是月球，那么它现在差不多只有一粒沙子那么大——物体中的分子就无法离开彼此了。从现在开始，它们只能靠得越来越近。所以这个时候，放手！理论上，这个物体会自发地继续压缩，直至体积无限接近于零、密度无限大，变成一个点……

你觉得很诡异是不是？你想得没错（事实上，物理学家们都不太喜欢深究这个"点"里究竟会是什么样子）。但是在这个"点"的里面会发生什么并不重要，无论如何，它都已经彻彻底底地与世隔绝了。这是因为，在你放手的那一瞬间，我们刚才想象的那个半径为史瓦西半径的圆球就真的形成了。它仿佛有一层开口方向固定的边界，这层边界将整个宇宙隔离在外。所有穿过边界的物体都有去无回，包括光。换句话说，这个被压缩了的物体包裹着一层黑色的不透光外壳，而在德语中，"史瓦西"（Schwarzschild）正是"黑色盾牌"的意思。物理学家将这层边界称为"视界"。这样，一个黑洞就做成了！

在视界附近会发生许许多多令人匪夷所思的事情。比如说，根据爱因斯坦的理论，引力会使时间变慢。在地球上，受到地心引力的影响，你的手表每天会比太空中的表慢46微秒。在黑洞的视界附近显然会更糟：时间几乎停滞了！当然，在黑洞附近溜达和在悬崖边玩瞎子摸人差不多：只要走错一步你就会被吞进去——呲溜！——好像吃面条一样（受到引力的影响，你的身体会被拉长，而且比例严重失调，真的变得像面条一样）。相反，在距离视界很远的地方则没什么特别。假如我们把月球变成黑洞，那么地球就完全没有被吸过去的危险，除了我们的卫星会不见踪影之外，一切都和以前一样，连潮汐现象都不会变化。放心了吧？

显而易见的是，把月球压缩成沙粒是不太现实的。事实上，更聪明的办法是用激光来制造黑洞。这是为什么呢？根据爱因斯坦鼎鼎有名的方程 $E=mc^2$，质量和能量其实是一回事：一个物质无论是大是小、是圆是方，它其实都是以某种形式被"冻结"的能量；反过来，能量也是有重量的。如果我们能够聚集起足够多的光子，从理论上讲，我们就能造出一个黑洞。而光子恰好与物质粒子不一样，在同一个点上可以同时存在很多个光子。它们完全可以相互交叉，像幽灵一样穿过其他光子的身体（这就是为什么当两束光交汇时，光线不会改变方向，而当两股水流相遇时，水滴就会四溅）。所以我们就这么办：把足够多束超强激光同时射向同一点，到某一刻，也许就能汇集起足够多的光子，形成一个黑洞。当然，这件事真要做起来可没那么简单：光子的能量必须得非常非常强（所以就会非常非常重），就像核爆炸时产生的伽马射线一样。但到目前为止，还没有人制造出这么强大的激光器。但是谁敢说以后一定不会有呢！到那个时候，我们就能造出几十万吨的黑洞了。可是黑洞有什么用呢？（见彩页图"黑洞一点儿都不黑！"）

这个时候就该霍金登场了。这位著名的英国物理学家证明了黑洞其实并不黑，它和炽烈燃烧的物体一样发亮，它的温度与质量成反比。像月球那么重的黑洞只有零下270℃，也就是说并不很亮。相反，一个50吨的小黑洞（比质子还小1000倍）会闪闪发亮一整年，达到300万亿摄氏度：它将是一个泛着蓝光的小白点，格外刺眼！

如果这个黑洞围绕月球运行，它的亮度会是月亮的8倍。而且这束肉眼可见的亮光只占黑洞释放的全部能量的百分之几。其余的光线都是以紫外线、X射线或伽马射线的形式释放的，一秒钟就相当于人类一年消耗的全部能量。太实用了！

额……这让我想起来，如果真有这么强大的辐射，用不了24小时（也就是地球上各个时区被黑洞直射一遍的时间），地球不仅会被烤焦，而且会被彻底地消毒了。一个细菌都活不下来！好可怕！看来你说得对，把黑洞放在附近确实不是个好主意！

不过，这个创造能量的过程值得我们仔细思考。随着黑洞不断地放射光芒，理论上讲它应该越来越轻，因为我们在前面提到过，能量和质量是一回事。同时，我们还说过，黑洞的质量越小，它的温度就会越高，所以就会更亮，直到最后，随着一道极亮的光，黑洞消失殆尽。这样看来，正如我们在前面所说，黑洞不是宇宙吸尘器，也不是密度非常大的物体。你可以把它当作是一次非常非常非常缓慢的大爆炸：就好像一开始形成黑洞的物质完全转换成了光和热，只不过时间因为巨大的引力变慢了，所以爆炸产生的亮光用了很长时间才来到我们眼前。而慢速的爆炸其实可以被看作是"受到控制"的爆炸过程，核电站或者发动机每天都在做这件事。它们可以为我所用吗？可以。

比如说我们可以在凹面镜前放一个小黑洞，就像车灯或手电筒里的小灯泡一样。这样我们就能得到一个光能发射台，它的反作用力足够把宇宙飞船送上太空。"等一下！"你也许会打断我。手电筒从什么时候开始能产生推力了？一直都能。当你打开手电筒的时候，你的手臂确实会受到向后的力。只不过这个力的大小只相当于一粒沙子的重量（大概10微克），你当然感觉不到。但是我们用黑洞做成的超级手电筒就不同了。它产生的推力大概有12.5万吨，差不多是阿丽亚娜火箭的100倍。而且它不止会工作

15分钟，而是整整一年。这样，在黑洞的推动下，宇宙飞船可以达到惊人的速度。要想去太阳系的任何地方，我们再也不需要在宇宙中漫游好多年，几天的时间就够了！

唯一的小问题就是，这个黑洞发射塔不能想停就停，因为我们控制不了它。事实上，由黑洞发射的宇宙飞船会一直受到它的推力，直到这个黑洞最终陨灭。而当飞船终于重获自由的时候，它大约会飞到太阳系的"郊区地带"，那里非常寒冷，与太阳之间的距离是冥王星轨道的四倍，而离下一颗恒星还差300倍的距离。也就是说，前不着村，后不着店……所以我们最后的一个小建议就是，假如你用黑洞做了一个发动机，一定要提前想好返回地球的办法！

假如化石燃料从未出现

要是没有煤炭、没有石油,我们该怎么办呢?嘿嘿,你知道吗,我们会找到其他办法的!

很久很久以前,世界上还没有出现恐龙。那个时候,地球上生活着很多像卷毛狗一样大的蟑螂,它们不紧不慢地生活着,以巨大的蕨类植物为食。后来,大树出现了,当时,还没有哪个物种能吃得下这么硬的东西。于是,大树就在地球上肆意地生长,无往不利。之后的几百万年里,死掉的大树不能被分解,它们直接陷入泥塘深处,渐渐堆积起来。这些大树后来就变成了化石,也就是煤炭,并间接地产生了石油和天然气。假如当时那些巨型蟑螂的嘴稍微厉害一点,也许就不会有这些化石燃料的存在了……

假如没有化石燃料,在中世纪末之前,生活不会受到丝毫影响,因为那个时候人们都是靠木材来取暖、做饭的。后来,他们

假如没有石油，我们就得用木头来生火，全世界可能都要变成"蒸汽朋克"的风格。

有了重大的发现！如果把木材放在高温的环境中，让它在不燃烧的情况下分解（也就是隔绝氧气加热），制出来的木炭会更好用，我们把这个过程称为"热解"。经过这种处理的木炭就不再含有不易燃烧的物质了（例如水分），用它生出来的火仿佛是来自天上的圣火。可惜的是，英国国王和贵族向来规定森林是属于他们的，因此不断阻挠人民取用木材，最终在1600年左右彻底禁止了木炭的制造。走投无路的英国人只好去挖地下的化石燃料——煤炭，但很快就遇到了困难：由于英国是个多雨的国家，所以开采煤炭的矿井里总是灌满了水。为了抽水，人们发明了蒸汽机。当然，蒸汽机需要烧煤才能运转，不过一旦抽干了水，人们就能挖到更多的煤，所以一切都很顺利。后来，詹姆斯·瓦特改良了蒸汽机，而且他发现，蒸汽机不仅能够带动水泵，还能带动火车、织布机……

哇！新世界的大门敞开了！就这样，英国人开始了工业革命。

要是世界上没有化石燃料，英国人大概提前 50 年就会把他们的国王推上断头台（这一历史事件实际发生于 1649 年），这样他们就能攻占森林、伐木取暖，不用在寒冷中瑟瑟发抖了。他们可以颁布一条法令："凡砍下一棵树，须种植一棵树以代之。"这样，他们用木炭也同样可以开始工业革命，而且还是"可持续发展"的工业革命。事实上，每热解 100 千克木材，我们可以获得木炭约 25 千克、酒精约 1 升以及多种可燃气体共计 23 千克。这些物质全部燃烧产生的热量与 45 升汽油相当。很不错对不对？所以，乍一看来，就算没有化石燃料，假如历史按我们所说的这样发展，那么只有一件事和现实有所不同，就是我们需要先砍树，把木材热解之后再使用，而不是把经过千万年自然分解的树木残骸直接拿来使用。但事实上，不同之处不止这一点。

将热能转换为动能主要有三种方法，最常用的一种是使用内燃机，而只有液体燃料（也就是从石油中提取的汽油）才能让内燃机工作。然而，我们假设的这个"木炭文明"显然是以固体燃料为主。所以我们只好依靠另外两种发动机了：蒸汽发动机和斯特林发动机。[1]这样一来，第一个结果就是飞机将不会出现了。

这是因为，在内燃机中，燃料的燃烧和动力的产生发生在同一个空间，而在其他的发动机中，每个环节都是分开的：燃烧燃料在一个地方，产生推力在另一个地方（蒸汽机还有一个地方专

---

[1] 斯特林发动机是苏格兰人罗伯特·斯特林（Robert Stirling）发明的，1816 年获得了专利。

门用来冷却）。因此，要产生同样的功率，它们的重量和体积就要更大。要想匹敌燃烧煤油的涡轮喷气式发动机，我们的蒸汽发动机大概就得有 400 吨重，这个重量是很难飞起来的（这也就是为什么世界上从来没有过蒸汽飞机的原因）。

这样一来，在"木炭文明"中，空中运输只能依靠充着氢气、由斯特林发动机提供动力的巨型飞艇了（正好斯特林发动机在高空中也能够正常运转）。这种发动机的一大优点就是各种渠道的热能它都能利用，随着科技的进步，也许有一天我们能将太阳能作为动力源。到时候，只要在恰当的地方用镜子把阳光收集起来就行了，而且它的效率将是太阳能电池的两倍。另外，斯特林发动机也不会发出轰轰的声音，而是很弱的刷刷声。要是不赶时间，坐着飞艇在大西洋上空飞三天也是挺不错的！

"木炭文明"也不会有很多私人小汽车。这是因为，我们现在使用的由内燃机提供动力的小汽车很容易加速或减速（只需要控制油门增加或减少燃烧的汽油量就可以了），而其他的发动机就没那么好控制了：首先要升高温度，而且等到热起来，发动机要花好长的时间才能开始工作。不过，如果车辆只需要在预定的时间出发、按一定的路线行驶到特定的地方，这倒也不是什么问题。所以，公共交通会成为主要的出行方式！因此，"木炭文明"不会存在堵车的问题，也不会突然冲出一辆车造成车祸，而且路上也不会有什么噪声（只有刚才说过的刷刷声）。这也不错，不是吗？

和我们一样，在相当长的一段时期内，"木炭文明"的包装只有钢铁、木材、纸三种材质，但总有一天，他们会发现从植物中提取纤维素或淀粉就可以做出塑料制品（我们是从石油中提取的）。和我们不同的是，这种"绿色塑料"能够很好地降解，塑料袋和塑料瓶绝对不会污染环境！除此之外还有更棒的：这里不会出现气候变暖的现象。燃烧木炭的确会产生二氧化碳，但植物在生长过程中通过光合作用吸收了二氧化碳，所以在燃烧的时候，它只不过是把之前吸收的二氧化碳又还给了大气而已。因此"木炭文明"并不会产生更多的碳。这种生活是不是越来越让人向往了呢？

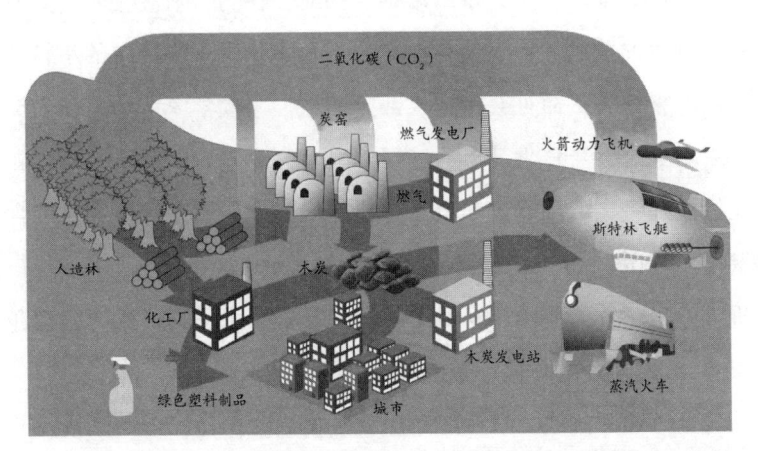

木炭文明。木材在专用的炭窑中热解产生可燃气体和大量木炭。木炭燃烧，使发电厂和火车的蒸汽发动机开始工作。火车是主要的地面交通工具，而空中交通工具——飞艇是由斯特林发动机带动的。如果存在飞机，那也只能是靠火药驱动的火箭动力飞机（火药也是通过木炭获得的）。植物的纤维素和淀粉可以制成可降解的绿色塑料和其他化学产品。这种文明释放的二氧化碳被大片的人造林吸收，用来生长出新的树木。

那么我们就来说说这种文明的弊端。首先，3吨木材才相当于 1 吨石油，要知道种树、砍树需要用到蒸汽机带动的拖拉机、伐木机，热解制炭需要加热炭窑，这些过程就要消耗一大部分能量。经过计算，要满足我们现在的能量需求，至少得种植 12 亿公顷的树林，也就是两个亚马孙森林！如果再加上制造绿色塑料和建筑材料所需要的木材，整个地球上的树木很快就会被砍光，然后到处都会种上很快就能长好的桉树，这对于生态环境来说将是一个巨大的灾难！

而且空气也会被严重污染。这是因为，无论是煤炭还是木炭，它们的燃烧都会产生大量的浓烟。同时，作为"木炭文明"其他所有行业的基础，热解炭窑也会产生很多浓烟。浓烟中的小颗粒不仅有害健康，而且会阻挡一部分阳光。气候学家认为，在人类使用木炭的巅峰时期 1880 年左右，由于二氧化碳的排放，烟尘颗粒挡住了一半的阳光！如果没有化石燃料，空气中这些颗粒的含量将会更高，这样一来，不仅不会出现温室效应，气候还会变冷！所以，当"木炭文明"发展到我们现在这个水平的时候，就会迎来一个巨大的挑战：要么转向其他能源，要么迎来冰河世纪！

面对这个挑战，唯一的办法就是使用太阳能发电。从技术的角度来看，这是很容易实现的，因为在"木炭文明"，斯特林发动机被广泛使用，这种机器的优点是，更换热能来源之后，不需要改变机器的其他部分，就可以继续运转（而对于我们现在的机器来说，把液体燃料换掉麻烦就大了）。但是，"木炭文明"的人类得迅速行动起来才行，因为烟尘挡住了阳光，太阳能发电的效率会越来越低！收集阳光的镜子当然要安装在温暖的地方，斯特林

斯特林发动机能够利用各种热源，它在加热气缸吸收热量，在冷却气缸释放热量。气体在加热气缸中吸热膨胀，在冷却气缸中放热收缩。气体在两个气缸中的往复运动带动机器运转。两个气缸的温差越大，发动机的效率就越高（因此这种发动机在寒冷的地方更好用，比如高海拔地区）。

斯特林发动机是密闭的（没有物质的进出），这样就不需要阀门等易耗品。另外，因为发动机内没有燃烧膨胀冲程，所以声音很小，机器也较为结实。

这种发动机的重量与功率之比不如内燃机，但效率更高。在重量/功率比和效率上，斯特林发动机和内燃机都优于蒸汽机。

发动机将收集来的热能转换成电能。这样一来，温度低的地区就得讨好温度高的地区了，因为一言不合，整个大陆就会断电！由此可见，任何文明都不可能一成不变，这是一条铁律。

假如每个人真的都有"另一半"

这个想法超级浪漫对不对？完全不是那么回事！如果仔细想想，它甚至会让人陷入绝望……

古希腊有一个古老的传说，说人原本都有两个头、四只胳膊、四条腿，后来有一天，众神决定惩罚人类（那时候的神灵因为一点小事就会大发雷霆），于是就把人类一分为二，从此，每个人终其一生都在寻找自己失去的另一半。我们所说的"另一半"便是这么来的。根据这种理论，在某个地方总会有一个人只为你而存在，而你也只为他（她）而存在。当一个人在情场屡屡失意的时候，这种说法的确能给他带来不少安慰：因为自己的另一半也在寻找自己，所以拒绝自己的那些人一定不是那个对的人。可是，当两个人决定在一起试一试的时候，问题就来了。如果真的有"另一半"存在，就算一个人和现在的伴侣仿佛天作之合，但怎么能知道还有没有更好的呢？

完美的夫妻能有几对？

要想知道答案——我们在一开头就说过，这并不是个美好的假设——那就离开这个人，再和其他人试一试。顺便说一句，也许离开的人并不是你，有的时候你会是被分手的那一个：别哭，如果所有人都要寻找自己的另一半，那么这就是每个人都要遵守的游戏规则！问题是：找到什么时候就该停止了呢？可能有人读到这里就已经不耐烦了，说了这么多都和科学没关系啊！别急，科学马上就来。其实我们现在讨论的恰好就属于一类逻辑问题，叫作"最优停止问题"。

在寻找另一半的过程中，我们会遇到这样的问题：如果太早就停下寻觅的脚步，你的另一半可能还没来得及出现呢；而如果你一直见异思迁，最适合你的那一个可能在不知不觉中就被你错过了，之后遇到的所有人都比不上他（她）。别想着回过头再去重新开始,因为你已经伤透了他(她)的心,他(她)恨你恨之入骨!那么,在这两个极端情况之间,谈过多少人之后,我们找到完美另一半的概率就能达到最高呢?你知道吗,数学家们为解出这道题绞尽了脑汁。他们最终得出了三个结论。

朱莉的相亲之路

假设有 N 个人愿意和朱莉在一起,而朱莉的"另一半"(阴影黑衣)就在这些人当中。朱莉接受了数学家的方法,她首先选择一个既不太大也不太小的数字 n,和先认识的 n 个人约会,然后毫不留情地拒绝他们,之后,一旦出现一个人比这 n 个人都适合自己,她就确定下来,结束相亲。一共存在三种情况。

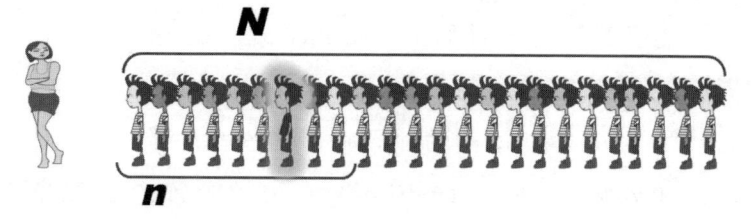

第一种情况:朱莉的"另一半"就在前面的 n 个人之中,被无情拒绝了。悲剧!

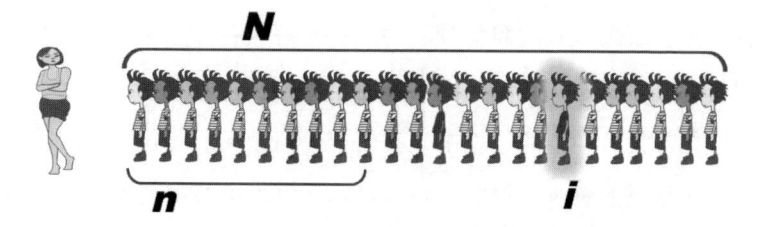

第二种情况:朱莉的"另一半"排在第 i 位,位置比较靠后,可惜的是,在他前面有一个人(无阴影黑衣)比前面这 n 个人都更适合朱莉,因此朱莉会和这个人确定下来,而等不到她的"另一半"。又是悲剧。

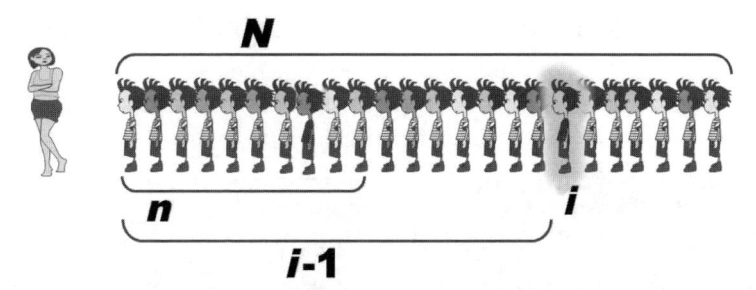

第三种情况：当且仅当在 i 之前最适合朱莉的人（无阴影黑衣）在前 n 个人之中，朱莉才一定会和她的"另一半"在一起。这个概率就是 $n/(i-1)$。事实上，由于"另一半"可能在队列的任何位置，所以他站在 i 处的概率只有 $1/N$。综合上述两方面，第三种情况的概率就是 $1/N \times n/(i-1)$。

要想计算朱莉用这种方法找到另一半的总概率，就需要将所有可能的情况相加，从 $i=n+1$（另一半恰好在第 n 个人之后）到 $i=N$（另一半非常不幸地站在整个队列的最后）。这样我们得到的公式就是：

$$P(n)=1/N \times [1+n/(n+1)+n/(n+2)+n/(n+3)+\cdots+n/(N-1)]$$

那么接下来的问题就是，当 n 等于多少的时候 $P(n)$ 达到最大呢？

首先，数学家们找到了一个很特别的寻找方法，而且经过论证，这是最好的方法。根据这种方法，在我们的寻觅过程中存在一个最佳"试水"次数 n。也就是说，你要毫不留情地拒绝前面 n 个愿意和你在一起的人，在拒绝了他们之后，只要出现一个比他们所有人都适合你的人，就停止寻找，和这个人在一起。直觉告诉我们，这个"试水"次数 n 不能太大，否则我们的另一半可能就被包含进去了，同时这个 n 也不能太小，这样我们才能对"市场"有个比较准确的了解。所以第一个结论就是，假如"另一半"真的存在，那么你就得没人性、没缘由地将一定数量愿意和你在一起的人残忍拒绝。抱歉，数学就是这么冷酷无情！

其次,你最好要加快速度,因为要想增加找到另一半的概率,你需要残忍拒绝的人数 n 应该等于所有符合条件的人数除以自然常数 e（e ≈ 2.718）。这可是不少人呢!比如说,现在地球上 15—24 岁的男生就有 615201010 个,女生有 581500831 个（多么精确）。其实我们只要大致心中有数就好,所以不妨估算。无论你年方几何、喜欢男生还是女生,世界上总会有大概 5 亿人符合年龄和性别这两个条件。这样一来,要想让自己找到另一半的概率最高,每个人需要"试水"的人数就是 5 亿除以 e 也就是 183939721 个人,如果每天晚上见一个,把这些人见完差不多就要 50 万年!

最后,如果你一切都按部就班地执行了,你最后确定下来的那个人也只有 1/e=37% 的概率是你的另一半（就算你能连续 20 年每分钟见 10 个人,其他事情都不做,你定下来的时候年龄也已经很大了）。而 37% 已经是极限了,累死累活才 37%!

好吧,这又有什么办法。但肯定有人挤不出时间去和 183939721 个人约会啊!数学家们为他们推导出了一个"爱情公式":$P=-x.\ln(x)$,其中 x 是一个人前任的数量与符合他条件的总人数之比,P 是这个人找到另一半的概率。就拿歌手米克·贾格尔来举例吧——据说他俘获了 4000 颗芳心,他的数学老师真是教导有方——那么他找到另一半的概率就是 4000 除以 500000000 再乘以 ln(4000/500000000),结果仅为 1/10651。说实话,要是把这个公式印在 T 恤上,绝对会让人心寒的:"亲爱的,这衣服送你!穿它的时候你就会想起我:你看,因为你是第 683 个跟我在一起的人,所以你有 1/54212 的概率是我的灵魂伴侣。情人节快乐!"

多个国家的调查结果显示，人一生平均会"试水"12个人，如果以世界上各年龄段的人数为基数来计算，全世界也就只有几百对夫妇是彼此真正的"另一半"（有的国家很可能一对都没有）。伤心吗？坚持住，因为这还不算什么。

你可能会想，如果我们把符合条件的总人数 N 减少，概率不就升高了吗！毕竟5亿人也太多了，而且这些人肯定不会都喜欢同一个人（这个人自己的眼光也许高得很呢），这样的话，实际的 N 其实要小很多。比如说，如果你一定要找一个像你一样会讲法语而且喜欢《星际迷航》的人，范围就会大大缩小（在Facebook的法语页面，《星际迷航》下方有3168501个赞，这样的话，年龄合适、性别合适的人有十万到二十万）。这样一来，要达到37%的真爱概率，你只需要每晚见一个人、坚持差不多一个世纪就行了。这比50万年已经强了不少！如果你再要求必须得是布列塔尼人，这个时间就可以进一步缩短至七八年。另外，要是你只喜欢金发，那么你很快就能找到真爱了。最后我们发现，只有挑剔程度几乎达到病态、对新鲜事物容忍度为零的人，才有1/3多一点的概率找到真爱。其他的人就别费劲了！

最后我们发现，要想爱情如意，与其寄希望于找到一个和自己完美契合的人，还不如用心经营现有的爱情。我不知道你会怎么做，反正我要去跟我的女朋友说，她的头发颜色我真喜欢，还有《星际迷航》什么的一点都不重要（我从来没想过自己会说出这么昧良心的话！）。

只比 1/3 多一点……

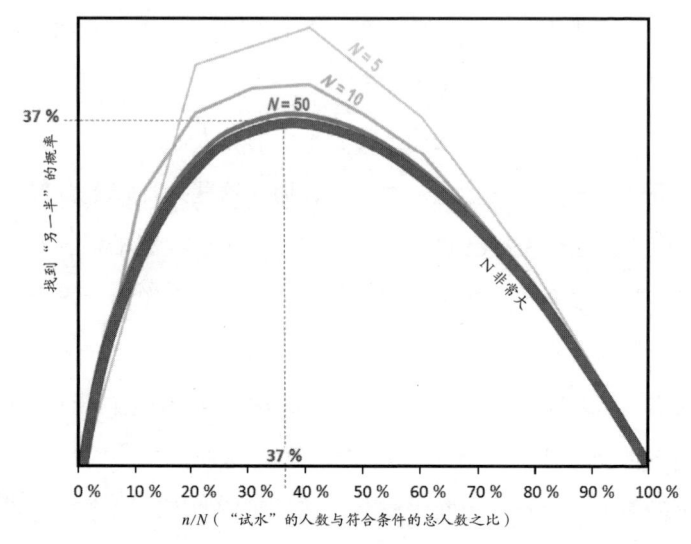

纵轴：找到"另一半"的概率
横轴：n/N（"试水"的人数与符合条件的总人数之比）

曲线标注：$N = 5$、$N = 10$、$N = 50$、N 非常大

37%

  找到"另一半"的概率 $P(n)$ 取决于你在选定一个人之前"试水"的人数 n 以及所有符合你条件的总人数 N。如果世界上只有 5 个人符合你的条件——而且假定你一定会遇到这 5 个人——你按照我们的方法，先拒绝前两个人（2/5=40%），之后找到"另一半"的概率就会是 43%。N 越大，你找到另一半的概率曲线就会越接近深色曲线 $P(n)=-n/N.\ln(n/N)$（事实上，因为地球上人数众多，N 非常有可能是个天文数字）。这样的话，我们别无选择：找到另一半的概率怎么都不会超过 37%，而且我们为此要试 37% 乘以 N 次，也就是……几千万人！

假如用木头制造计算机

首先,这肯定是个累死人的大工程;其次,这样的计算机一定很搞笑,而且……非常不耐用!

理论上,用木头造计算机是行得通的,为什么呢?因为任何信息,无论是图片、数字,还是文字、声音,都可以转化成用二进制数 0 和 1 来表示的序列。这样的话,无论你想怎么加工你的信息,增加图像的清晰度也好,把图像加上动画效果也好,把数字做平方运算也好,修改一段文字也好,其实都是将某些 0 改成 1,或把某些 1 改成 0,仅此而已。因此,电脑最基本的配件不过是一些能够进行 0、1 转换的小组件罢了。这些小组件叫作"逻辑门"。逻辑门包括"与门"(两个输入端同时为 1)、"或门"(两个输入端至少有一个为 1)等。可是,逻辑门并不一定需要通电才能工作:用齿轮、齿条制造逻辑门的办法就有几十种,而且历史上最早的电脑即便不是用木头做的,起码也是纯机械的,并不用电。好啦,开始吧，咱们这就来造一台和现在的电脑一模一样的"木脑"。

我们要做的这台机器需要有很多个逻辑门，还需要一个包含了所有数据和指令（程序）的存储器，有了它们，它就能实现电脑的功能了。只要你的手不太抖，你就一定能够把连着火柴棍的齿轮传动系统组装到边长为 2 厘米的小立方块中（目前，模型爱好者用木头制作的最小的时钟就是这么大）。火柴棍在这里充当输入端和输出端，它是否插入立方块决定了它输出的数值是 1 还是 0。这样，逻辑门就做好了。至于存储器，我们用一些镶嵌着弹簧系统的小盒子就可以了，它们就像圆珠笔的按钮一样：如果把木杆按下去（相当于信息录入的过程），它就保持凹进的状态，把我们刚才输入的 1 存储下来；当我们再次按动木杆时（相当于信息读取的过程），木杆还原，将存储的信息 1 释放出来。接下来，我们只需要把所有这些基本零件组装起来就大功告成了。

木头做的逻辑门

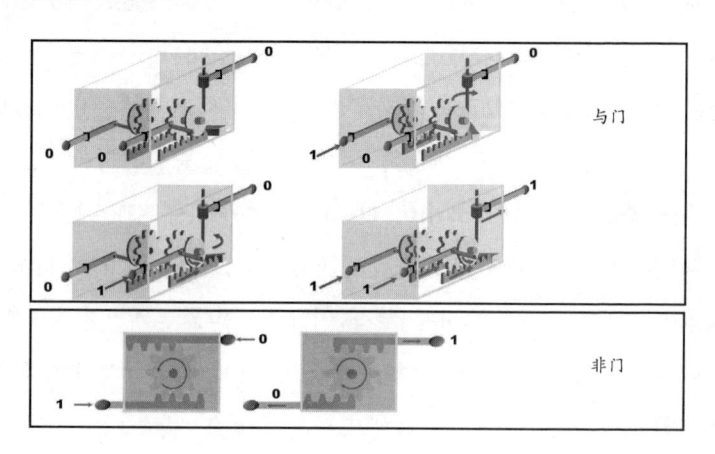

这两个结构就是用木质的齿条和齿轮做成的逻辑门。当两个输入端输入的信息同时为 1 时，与门会输出 1；当两个输入端同时为 0 时，与门会输出 0。而非门的作用是将输入的 0 转换为 1，将输入的 1 转换为 0。至于其他的逻辑门……就不用做了，因为如果在与门后面连接一个非门，就会形成一个与非门，而查尔斯·桑德斯·皮尔士（Charles Sanders Peirce）在 1881 年证实，只要将与非门进行组合，我们就能够获得任何你能想象到的逻辑门。就这么简单！

我们这台"木脑"的中央处理器其实就是一个逻辑门仓库：这里也就是我们的逻辑单元。根据你想要完成的任务，你需要在仓库中找到相应的逻辑门输入相应的指令（0 和 1）。每一步都会有一个指针负责选择接下来由哪个逻辑门继续运算，这些指针就相当于是控制单元。另外，还需要一个随机存储器向控制单元提供数据和所要执行的程序（参见冯·诺依曼体系结构）。尽管我们在这里很难将总设计图详细地描述出来，但理论上，制作"木脑"处理器的过程不过是将大量的小木盒用连杆系统连接并堆积起来，仿照实际生活中的电脑做出一个包括随机存储器、控制单元和逻辑单元的处理器。唯一的问题——这也是最让人后悔琢磨"木脑"这件事的原因——是至少需要 3 亿个逻辑门，还有 1600 万比特的存储器。换句话说，这个大怪物得有 1000—2000 吨重。而且我们还不能把这些零件堆得太高，因为一旦超过两米，下面的小木块就会被压碎（或者变形，以致没办法带动彼此完成工作），这样的话，这个处理器大概需要足球场那么大的地方才能放得下！

冯·诺依曼体系结构

"计算机之父"——美国人约翰·冯·诺依曼（John Von Neumann）在1946年提出了一个绝妙的计算机体系结构，将其简化后，我们用木头制作的计算机就可以这样来运转：

1. 输入端受到按压，时钟发出脉冲信号使机器的齿轮传动系统开始工作；
2. 记录着数据和程序的存储器指挥控制单元；
3. 控制单元为指针，能够选择通过哪条路径将数据0和1向逻辑单元传输，以完成当前的任务；
4. 逻辑单元是若干逻辑门的集合。数据0和1沿指针选择的路径经过一系列逻辑门；

如需要，这一步的运算数据会显示在输出端（显示器）；

如需要，逻辑单元会检查输入端的状态（例如，用户是否在键盘上有新的操作？）

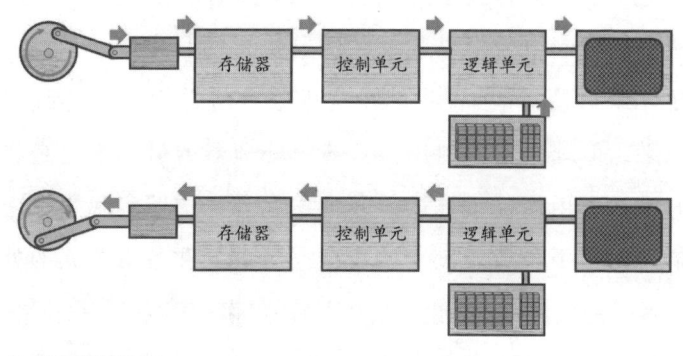

5. 逻辑单元归零；
6. 控制单元为接受新的指令做准备；
7. 存储器记录上一步的结果；
8. 时钟重新开始新一轮工作……

这还不算什么，因为到此为止，咱们的"木脑"还没做完，我们还需要一个长期存储器来存储基本程序（相当于Windows程序、Linux 程序或 McOS 程序）、文件以及所有需要长期保存的数据。你一定也意识到了，用机械零件来做这样的存储器将会非常困难。也许我们可以借鉴古老的机械存储器，就像八音盒里的机芯那样（八音盒的机芯上有很多小凸起，能够记录乐谱），不过先不管这些，我们肯定会弄好的。重要的是你现在应该先去把足球场边上的看台都拆掉，甚至连方圆十几千米的地方都要清理干净，因为用木头做 500 G 的普通硬盘，大概就得占这么大的地方！另外，从现在开始，我们的"木脑"在霸占了一座无辜的体育场以及整个城市之后，还要把法国一年生产的木头基本用尽。（从这里我们也可以看出，如果说计算机微处理器的发明具有跨时代的意义，那么硬盘的出现绝对算得上科技带给我们的奇迹。）（见彩页图"显示器该怎么做呢？"）

蹬呀蹬！

你会问，接下来会发生什么呢？如果没有外力作用的话，一个木质的齿轮传动系统肯定是不会自己转起来的，同样，就算将千千万万个齿轮传动系统连在一起，它们当然也无法自动运转。所以就需要你来踩脚踏板了。你每踩一圈，一系列与处理器相连的小木杆就会带动起一连串与当前任务相关的逻辑门进行运算。这时，你既是"木脑"的动力来源，也扮演着"CPU 时钟"的角色——在电子计算机中，CPU 时钟用来控制频率，不断发出脉冲信号，让机器不停地运转。当然，每一个零件最好都是光滑的，而且都被调整到最佳位置，不然就很有可能卡住，然后——咔嚓！——足球场中间就会飞出一团木棍、木渣，整个处理器就会瘫痪。但如果这一点不出问题，只要给踏板 1 千克左右的力（也就是每蹬一圈做 1—2 焦耳的功来克服摩擦力），我们的"木脑"就能运转了。只需要这么少的力是因为摩擦力大致与运转部件的重量成正比，而每踩一下带动的部件是很少的，重量也就很轻。在实际的计算机处理器中，每个时钟周期只有 15—30 个逻辑门在工作。

虽然说踩脚踏板并不费力，但是你得有耐心才行。对于我们现在常见的计算机来说，它们的 CPU 频率已经达到了 1 吉赫（GHz）甚至是 2 吉赫，也就是说，CPU 时钟每秒钟要发出 10 亿甚至是 20 亿个脉冲信号。就算你的小齿轮都完美无缺，就算你把脚踏板踩得飞快，你一秒钟也只能让"木脑"发出 5—10 个脉冲信号。所以，"木脑"的运算速度大概只是正常计算机的两亿分之一。这也就意味着，当你在木头键盘上按下"向上"键，好几分钟之后，木头显示器才会慢慢开始变化，超级玛丽半天才能缓缓跳起来。而事实上，你根本看不到这一幕，因为"木脑"开个机就得用三四个世纪！而且在这段时间里，别以为你可以抽空去厨房热块披萨吃，你必须得坚守岗位，你走了脚踏板不就停下来了嘛！

当然了，我们在市场上可以买到非常快的电动设备，如果用它来取代脚踏板，"木脑"的频率就能达到200赫兹左右（而且你也有空去吃披萨了）。但就算这样，我们的"木脑"也没有多好用，因为它的速度还只是电子计算机的千万分之一。这个时候，"魔法棒"就该派上用场了。假设我们用魔法棒制造出了一个能够让"木脑"的频率达到2吉赫的超级电动机，那么接下来我们就要解决供电的问题了。刚才每个时钟周期只需要2焦耳的能量，这很容易实现，可是现在频率变成2吉赫，那就需要4吉瓦的电，法国电力公司得借咱们两个核电站才行！至此，我们的"木脑"终于和不太旧的电脑差不多了，只不过……它还不能联网。啊！而且还没有音箱（不过没关系，因为这个"木脑"发出的声音比暴风雨夹着冰雹砸在铁皮房顶上还要震耳欲聋）。另外，它运行不了多长时间。所有的小木棍、小齿轮向各个方向转动，不可避免地会产生热量。以现在这个频率，"木脑"1秒钟就会升高1℃，所以几分钟之后，呼！整个处理器瞬间变成熊熊燃烧的烈火……

这个结论告诉我们，尽管电子元件并不是唯一一种能够制造计算机的原材料，但它确实非常节省空间，而且还特别省电！不过，电子元件并不是最棒的材料。人的大脑只有柚子一般大小，消耗的能量只有几十瓦，处理的信息量却是当前最厉害的超级计算机的几百倍（比如 IBM 最新的 Blue Gene 超级计算机体积约 500 立方米，功率为 1.2 兆瓦）。换句话说，电脑相比于我们的大脑，就好像"木脑"相比于电脑，都是小巫见大巫。这很值得思考，不是吗？

假如恐龙是高智商动物

想象一下，在一亿五千万年前的恐龙时代，如果有一种恐龙和今天人类的智商差不多，那会发生什么呢？

来自地球的兽脚亚目食肉恐龙第一次踏上月球。公元前 149998031 年 7 月。

我们首先想到的是，如果真的有过高智商恐龙，我们"肯定"

早就发现了,因为它们创造的文明会留下不少痕迹的,不是吗?其次,高智商恐龙"肯定"是不可能存在的,因为恐龙是非常原始的动物,在某种程度上并没有进化完全,要达到人类这么聪明,需要非常非常漫长的积累。这两个想法可能没错,但是也不一定……我们觉得"肯定",首先是因为我们的大脑对那么长的地质时间没有概念。为了弥补这点不足,假设有一台永远不会坏的摄像机从生命诞生开始每隔六七百年拍摄一张照片。正常摄像机的播放速度是每秒钟 25 张图片,按照这个速度,我们每分钟就可以看到地球大约一百万年的历史。在这台摄像机的帮助下,我们来好好想一想。那么第一个问题就是:当一种文明的创造者消失之后,这个文明会有什么遗留下来呢?

考古学家、建筑师、工程师会异口同声地告诉我们:"如果时间足够长,那就没什么能留下来。"大自然的风吹雨打连大山都能磨平,要对付人工堆砌的建筑物当然就更是小菜一碟了,速度快得很。在我们的摄像机中,当某一文明的居民灭绝后,用不了 5 毫秒(90 年),他们在全世界建造的大大小小的城市就会变成废墟。再过 3 毫秒(文明灭绝两个世纪),所有的大楼都会坍塌。最终,在一秒钟的时间里(一眨眼就是 1.7 万年),所有的大都市都会重新变成大自然。是的,如果今天人类灭绝,那么在公元 20000 年的一个阳光和煦的下午,一位来地球参观的外星人驻足塞纳河畔只会看到一片自然风光,周围都是草原和树林,他绝对不会想到 1000 万人曾经在此生活和工作过。当然了,如果他仔细翻翻,他一定会找到点什么:这里有一块碎玻璃,那里有一个高压线路的陶瓷绝缘子。但如果他等一亿五千万年之后再来——对于地质时间来说这也不过是弹指一挥间——他可能就什么都找不到了。

"等等！"你大喊道。也许有的建筑永远都不会倒呢！别做梦了。就算恐龙们用大石块造出了狮身人面像、金字塔，这些宏伟的建筑在大自然的面前也仿佛是几座沙堡堆在了音乐厅的大音响上，不堪一击。这是因为，在我们的摄像机里，一亿五千万年就变成了两个半小时，而在这两个半小时里，大约每秒钟就会发生30万次大地震，其中500次就足够摧毁方圆几千千米内的一切，因此两个半小时的地质活动足够把所有建筑变成渣，然后把残渣埋在火山熔岩之下，或是把它们压在一起，形成起伏跌宕的山脉，甚至还有可能将它们埋在几百米的海洋沉积物之下！同样的事情在月球上也会发生。尽管月球上没有风、没有雨，也没有大陆板块的漂移把沧海变成桑田，更没有能够蚕食万物的菌类，但是，这里有连绵不断的微陨石雨（如果微陨石进入地球的大气层，我们就会看到流星）。根据对月球岩石样本的分析，在100万年的时间里，微陨石能够把月球表面所有的固体物质磨去1毫米。这个速度是很慢的，比地球上随便一种现象都慢得多，但是阿波罗飞船登月留下的痕迹只需要1000万年到1亿年的时间就会全部消失。换句话说，在恐龙时代，如果某个物种成功登上了月球，那么如今，它们的足迹就算还没有完全消失，至少也难以辨认了。

所以我们的第一个结论就是：假如恐龙曾经达到了人类的智商，而且像人类一样形成了伟大的文明，那么世界很可能并不会和现在有太大的不同。顶多是人们在矿产公司的资料中会有一些诡异的发现（类似"这个矿肯定有人来过，虽然我知道这太不可思议了"）、月球上会出现更多奇怪的痕迹、大型动物族群同时灭绝的证据也会更常见（就像人类来到美洲后美洲猛犸象就全部灭绝了），如果所有这些奇怪的现象都指向同一时期，那么我们就该问了，在我们之前，地球上会不会真的有过像人类一样的恐龙呢？

可是……这可能吗？恐龙难道不是非常原始的动物吗？如果仅仅因为恐龙在人类之前产生，你就认为它们一定没有我们聪明，那你就错了。两亿六千年前，在单孔亚纲（在头骨太阳穴的位置有一对颞孔的脊椎动物）中出现了犬齿兽次亚目，它是所有哺乳动物的祖先。没过多久，也就是两亿四千四百年前，在双孔亚纲（头骨有两对颞孔）中出现了恐龙形态类，所有的恐龙、麻雀以及现在的鳄鱼都由此演化而来。也就是说，单孔亚纲和双孔亚纲已经较量了三亿年，用我们的摄像机来播放就是5个小时！起初，我们的祖先单孔亚纲处于上风，一直到二叠纪末、三叠纪初（大约是影片的第一个小时）。接着，恐龙们打了翻身仗，统治世界长达一亿九千万年（三个多小时）。六千六百万年前，一颗陨石终结了恐龙时代，单孔亚纲演化出现代的哺乳动物，重新成为世界的主宰（影片最后一小时）。所以说，我们这个"大家族"也没什么了不起的！

另外，应当承认，我们所了解的恐龙在智力方面并不是非常出色。它们当然既不迟钝也不傻，但要论起IQ，像霸王龙和伶盗龙这样的大型食肉恐龙其实更接近鸵鸟的智商，而不是狼！但是，近十几年来人类对恐龙头骨的研究表明，在恐龙的后代中，至少有一门——也就是后来鸟类的祖先——大脑越来越大，这就意味着，无论哺乳动物的大脑是出于什么原因逐渐变大的，这个现象在恐龙的时代就已经出现过了。另外，鸟类是现在唯一存活的恐龙类动物，一些研究鸟类行为的专家认为，非洲灰鹦鹉和乌鸦的大脑虽然相对较小，但它们的智力与灵长目动物接近！这样的话，恐龙的一个分支是不是也有可能逐渐进化到能够制造石器甚至是星际火箭呢？

现在我们再回到影片之中。我们唯一确定的事情是，对于我们人类来说，从非洲大猩猩进化到现代人类的漫长进化史，在影片中用不了3分钟就演完了，接下来从农业的发明到现在，半秒钟一闪而过。而我们的工业文明很可能发生在两次拍照的间隙里，根本不会出现在屏幕上！就算人类还能存在20万年（人类目前就已经有大约20万年的历史了），在镜头里也只是短短的12秒，然后眨眼之间，在地球上彻底销声匿迹、踪影全无……从在大草原上虎口脱险，到登月、探索宇宙，人类所有的丰功伟业用不了4分钟就放完了！而就算以这么快的速度播放，少说也得5个小时才能将地球的生命史展示一遍！这样说来，历史上完全有可能出现很多次高智商的物种和高度发展的文明，难道不是吗？要知道，地球上以化石的形式保留下来的物种估计不足1%，有的恐龙甚至有可能比我们人类还聪明，只不过我们找不到证据罢了；再过一亿年，我们人类的痕迹可能也不过是半截牙齿（牙釉质非常结实，有可能保存下来），谁又能通过这半截牙齿知道我们的智商如何呢！所以我们能得到什么结论呢？没有结论。因为在科学领域，如果要得出非同一般的结论,就必然需要非同一般的证据,而我们目前还没有找到证据!

　　仔细想想,这与外星人是一回事。如果人类是生命进化的必然产物,那么在其他的恒星系统就一定会有外星人出现(尽管由于距离遥远,我们很难找到他们存在的证据)。相反,如果高智商人类的出现是一系列巧合的结果,那么就算宇宙的其他星球有生命存在,我们也可能是唯一的人类。最后,我们唯一确定的是,如果天文学家可以研究宇宙中是否有外星人存在,那么古生物学家就可以研究很早很早以前有没有"古人类"存在。因为说来说去,浩瀚的宇宙能容纳多少文明,历史悠久的地球大概也同样容得下!谁说科学与幻想不可兼得呢?(见彩页图"五小时看完地球生命史")

大海捞针……

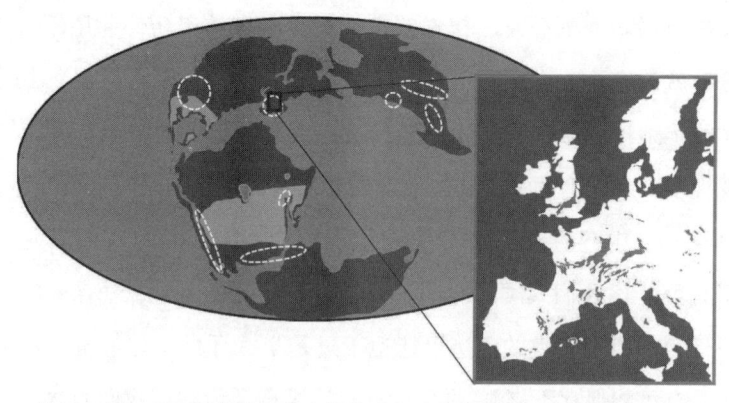

这是一亿五千万年前侏罗纪末期的世界。假如当时有一个高智商物种建立起了他们的文明,这个文明的遗迹应该大部分都已经化为碎末了。而在侏罗纪时期五千六百万年的化石中，这些碎末可能只占很小的一部分。和所有的化石一样，只有在气候条件和地质条件适合的地方，这些碎末化石才有可能被保留下来，比如图中虚线圈起来的地方，其中就包括今天的欧洲。最后，如果这些残骸恰巧在地表浅层薄薄的一层侏罗纪岩石层中（陆地阴影部分），那它们就有一丝被我们发现的希望。所以，找到这种文明的痕迹并不是一件轻而易举的事，你说对吧？

鸣谢法国国家自然历史博物馆罗南·阿兰先生（Ronan Allain）。

假如给人插上翅膀

很多人都曾梦想着给自己插上翅膀飞向天空,这个梦想有可能实现吗?如果可能,怎么才能实现呢?

不少尝试都以失败告终。

传说在 3700 年前,代达罗斯[1]被克里特岛的国王弥诺斯禁锢在岛上。为了逃出去,他用蜡将羽毛粘在一起,为自己和儿子伊卡洛斯各做了一对翅膀。就这样,他们拍打着翅膀飞走了。伊卡洛斯飞得太高,结果粘着羽毛的蜡被太阳烤化了,最后坠入地中海,而代达罗斯一直飞到了 1000 千米外的西西里岛。真是了不起的壮举!你想不想试试?

第一个难题,就是人比一般的鸟儿都重得多(现存最大的飞禽信天翁也还不到 12 千克)。不过,古生物学家在阿根廷发现了阿根廷巨鹰的化石,这是一种巨大的兀鹰,成年的体重可达 70 千克。话说回来,在当时,地球上的很多动物都比现在的要大,比如穴狮、洞熊还有猛犸(猛犸实际上不过是在洞穴里发现的大象而已),所以出现大块头的鸟类又有什么奇怪的呢?当身体很重的时候,最理想的情况当然是借着上升的热气流飞上天空。但尽管如此,人们依然认为阿根廷巨鹰能够通过拍打翅膀而腾空。所以对于人类来说,要想飞起来,我们当然也应该遵从自然规律,至少要给自己配备一对和阿根廷巨鹰一样大的翅膀:总长 7 米,展开面积共 8 平方米。好了,第一步完成!

现在,你终于插上了滑稽的大翅膀,两边各 3.5 米长,不得不说,这个样子有点像一只鹜。听到众人的冷嘲热讽,你安慰自己说,"等我飞起来他们就知道我的厉害了"!但现在的问题是:该怎么飞呢?

---

[1] 希腊神话人物。——译者注

直觉告诉你，要想上升，那就得把空气往下推，同时，要想往前走，那就得把空气向后推。也就是说，只要做和蝶泳差不多的动作，就应该飞得起来。快停下来！千万别试！首先，你的两只手臂上拖着巨大的翅膀，一不小心胳膊就会被拽脱臼；其次，你需要知道，鸟儿之所以能飞起来，是因为它们的用力方向与我们所想的恰恰相反。"啊？好吧！那它们为什么还能向前走呢？"这其中的道理既简单又微妙。

像空气那么轻的东西是无法提供很大的反作用力的（显然比水的反作用力小得多），所以要想飞起来不能靠空气的反作用力。要理解这一点，我们首先要知道流体的两个特性。首先，当你拿着水管浇水的时候，如果把水管口捏小，水流的速度就会变快，飞溅出去，你一定有过这样的体验。其次是能量守恒。流体的能量包括两部分：一是流动产生的能量（物理学家称为动能），二是压力产生的能量。能量守恒就意味着如果其中一种能量增加，那么另一种能量一定减少，说得更直白一点就是，如果流体流动的速度变快，它的压力一定变小。

飞机之所以能飞起来就是这个道理。机翼上方的空气被压紧，出口变小，因此流速变快，这就使机翼上方形成了低压，将飞机向上吸引。对于鸟类来说也是一样：翅膀上方的吸力大约是作用在翅膀下方的压力的两倍。所以飞行和游泳不一样，飞行主要靠向上压紧空气，而游泳主要靠向下推水，这就是为什么拍打翅膀的方向应该与游泳的姿势相反。明白了吗？

好了，既然你已经知道了应该如何拍打翅膀，接下来需要知道的就是要卖多大的力气。注意，这里所要讨论的并不是飞起来要消耗多少能量。这个简单得很：飞起来需要消耗的能量等于你的体重乘以你上升的高度，也就是说要飞 5 米高，就需要大约 3500 焦耳（不到 1 千卡）。但是你很清楚，飞起来之后并不是一劳永逸了——你得不断地拍打翅膀。所以我们要算的是你要以多快的频率提供这些能量，也就是你的功率。由于没办法做实验，你我都不能进行精确的计算，那么这个时候我们就只能用"撒手锏"了——物理学家们在毫无头绪的时候都会这么做……

重量的问题

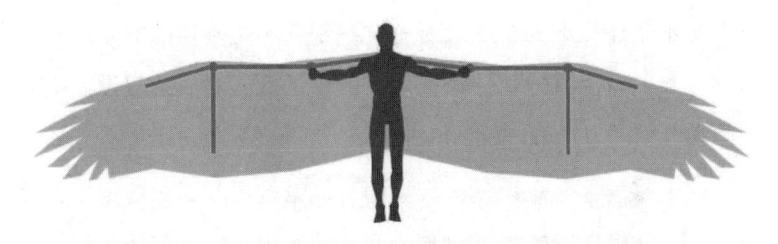

如果使用制造轻型飞机和单人特轻型滑翔器的材料来制作翅膀，那么这一对翅膀的自重就要达到 30 千克左右。所以人和翅膀加在一起就得有 100 千克，仅凭手臂的力量是没办法让这么重的身体飞起来的！因此我们假定用一些神奇的材料来制作这对翅膀（比如既结实又和空气一样轻巧的金属泡沫——微晶格材料）。

已知你在空中挥舞着大翅膀和重力做斗争，那么所需的功率一定取决于翅膀的面积 S（单位为平方米）、翅膀的长度 e（米）、你的体重也就是你的质量 M（千克）乘以重力加速度 g（9.81 米/秒^2），当然还有空气的密度 d（千克/立方米）（因为流体的密度越大，你的功率就越大）。所谓"撒手锏"就是用这些变量列式，让它们经过乘除运算之后得出功率的单位——瓦特（$1W=1kg \cdot m^2/s^3$）。这样得出的数据也许并不是正确的答案，它们之间可能相差了两倍，或者是 π 倍，或者是 5/7 倍，但是没关系，因为原始数据无论如何都是这些，所以肯定差不了多少：这样，我们算出的大致数字就是 3000 瓦。你觉得这是投机取巧？的确，不过这样得出的答案是一个很好的参照。鸟类学家早就针对不同鸟类研究过肌肉功率与体重之间的关系，他们发现这个比值分布在一条平均曲线的周围。根据这条曲线，对于体重为 70 千克的阿根廷巨鹰来说，它的功率大约应该是 1400 瓦（这个数字可能略低于实际值）。我们的估算是不是还挺准的？尽管所有这些都并不是确切的数字，但也足够让我们有底气地估一个数了，这样的话，咱们就假设人类要飞起来大约需要 2000 瓦的功率。

　　这个时候你会意识到，人类的身体结构根本不像鸟类那么适合飞行。阿根廷巨鹰身上与飞行有关的肌肉大约占其体重的 1/4，其他大部分鸟类也差不多都是这个比例（我们吃的鸡胸肉其实就是鸡胸前覆盖了整个腹部的一对超大胸肌）。而 17 千克的肌肉在飞行时能提供多大的功率呢？恰恰是 2000 瓦！我们估出来的数还真的挺靠谱！所以，人类要想飞起来，胸部、背部和手臂得像施瓦辛格一样强壮，而身体的其他部位得像小鸡仔一样瘦弱，这样的体型一步没踩稳就可能会栽倒。

鸟类如何飞行?

翅膀下落时(①),羽毛彼此相接,使空气无法穿过。但翅膀下方的空气给鸟类的反作用力并不是鸟类能够飞起来的主要原因。鸟类的飞行主要依靠抬起翅膀时空气从翅根上方(②)或翅尖前方(③)流过带来的升力或推力。这是因为,翅膀上方空气的流动空间变小(下方第二张图黑色截面以上的部分),根据流体运动规律,这就会导致空气的流速变快,从而形成低压,吸引翅膀向上。当翅膀略微折回时(④),羽毛受到扭曲露出缝隙,使空气能够通过,这样把翅膀抬到最高的位置(⑤)就比较省力。如此循环往复……

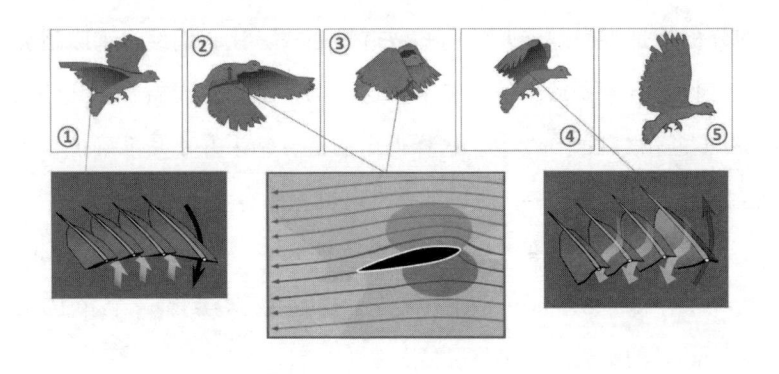

还有更糟糕的!如果你仔细观察鸟类飞行时的姿势,你会发现人类根本学不来,否则两个肩膀都得脱臼(你可以把手臂放在背后,试试上图中⑤的姿势)。唯一的办法就是……躺着飞!要知道,只有奥运会的举重运动员能够有这么强大的上肢力量,所以,大概只有高位截肢的举重选手才有希望插上 7 米长的翅膀飞几秒。(有趣的是,在这种情况下,他拍打翅膀的动作和蝶泳一模一样。)

事实上,人类是善于行走(甚至是奔跑)的物种,所以腿部更有力量。训练有素的自行车骑手用腿做功能够提供飞行几十秒所需要的功率。而且历史上仅靠人力做功就能够飞起来的机器全部都是由脚踏板带动的！因此，代达罗斯和伊卡洛斯用手臂飞行的神话恐怕是难以实现的，不过达·芬奇曾经设想过用脚踏板带动翅膀来飞行，这个想法也许有一天真的会成真……

"撒手锏"具体是如何操作的？

这种方法的学名叫作"量纲分析"，其实道理再简单不过。量纲分析就是将问题涉及的已知数进行列式，让它们经过乘除运算凑出我们所需要的单位，在本文这个例子里，我们需要得到"瓦特"（也就是 $kg·m^2/s^3$）。这样得出的运算结果并不是准确值，但是因为已知数不会错，所以结果肯定也八九不离十，对吧？

所以，现在的已知数就是 $S=8m^2$, $e=7m$, $d=1.2kg/m^3$, $M=70kg$, $g=9.81m/s^2$，我们需要用这些数据凑出一个单位为 $kg·m^2/s^3$ 的结果。

我们首先注意到，瓦特中的秒（s）是三次方，而只有重力加速度 g 的单位中有一个二次方的秒（s），所以在公式中，重力加速度 g 应该为 3/2 次方。

理论上，这个问题中只有计算重力 Mg 的时候才会用到质量 M，所以 M 的指数应该同 g 一样，也是 3/2 次方。

这样一来，因为在功率的单位瓦特中千克（kg）是一次方，而已知数中包含 kg 这个单位的有质量 M 和密度 d 两个量，那么 d 就应该是 $1-3/2=-1/2$ 次方（$d^{-1/2}=1/\sqrt{d}$，即平方根的倒数）。漂亮！

d 的指数是负数，这就意味着 d 的平方根要放在分母上，换句话说，这就意味着空气密度 d 越大，飞行就越容易，和我们之前推断的完全吻合！（在物理学中，进行量纲分析的时候要不断这样验证，这也是一个小窍门。）

现在只剩米（m）这个单位了。瓦特中的 m 是二次方，如果设面积 S 是 a 次方，翅膀的长度 e 是 b 次方，那么就可以得到 2=2a+b+3/2（d 中 m 的指数）+3/2（g 中 m 的指数），也就是 2a+b=−1。正如我们在前面所说，翅膀越长、面积越大，飞起来就应该越容易，所以 a 和 b 都应该是负数。

这个时候就需要慢慢试了。我们知道，a、b 都是负的分数指数，但是符合 2a+b=−1 的解有无数个！可尽管如此，这些解有一个范围，也就是一定在 b=0（翅膀的长度对飞行功率没有影响）和 a=0（翅膀的面积对飞行功率没有影响）这两个极端情况之间。

当 b=0 时，功率 $P=S^{-1/2} \cdot d^{-1/2} \cdot M^{3/2} \cdot g^{3/2}$=5807 瓦。这个数字恰好是用蝶泳的姿势飞行时的功率，而我们已经知道，这么飞是行不通的。由于挥动翅膀的效率实际上是它的二倍，所以正确的 a、b 值应当让我们得到 2900 瓦左右的结果才对。另一种极端情况，当 a=0 时，功率 $P=e^{-1} \cdot d^{-1/2} \cdot M^{3/2} \cdot g^{3/2}$=2346 瓦。我们在上文中的"大约需要 2000 瓦"就是这么得出来的。

不过要注意！这样得到的并不是"正确答案"（而且我们在计算的时候完全没有考虑鸟儿实际上是怎么飞的）。可尽管如此，这个结果依然很有用。

举例来说，如果你去翻阅辛西娅·凯里（Cynthia Carey）博士的《鸟类能量与营养生态学》，你会看到她研究了不同体重鸟类的飞行能力（功率），发现体重和功率之间的关系大体都符合 $P=60.5 \times M^{0.735}$。（当然她研究的都是比较小的鸟，对于 70 千克的巨鸟来说，飞行会更加困难，所以实际功率应该在这条曲线之上。）

詹姆斯·马登（James Marden）教授在《飞行生物在起飞过程中产生的最大升力》中对包括蜻蜓、蝙蝠、鸟类在内的飞行生物进行了汇总，发现与飞行相关的肌肉通常都占体重的 1/4 左右。因此 70 千克的阿根廷巨鹰就应该有 17 千克左右的飞行肌肉（1 千克肌肉最多能够提供 120 瓦的功率）。

如果你用上面这两种方法来计算飞行究竟需要多大的功率，第一种方法会告诉你需要（至少）1374 瓦，而第二种方法的结果是 2040 瓦。天啊！天啊！这和我们之前估算的差不多，我们算对了！相反，假如得到了比如 140 瓦或是 287000 瓦这样的数字，就说明前面有出错的地方，需要重新调整方程式。

这正印证了美国物理学家约翰·阿奇博尔德·惠勒（John Archibald Wheeler）提出的"物理学第零定律"：先得知道结果，才能列式计算！

假如真的有瘸腿兽

如果你曾经去过法国的山区旅游或小住，你一定听说过一种叫作"瘸腿兽"（Dahu）的神话动物。关于它的故事有很多很多，现在，我用科学再给你讲一个！

法国热情的山民都会一本正经地告诉你这样一件事：在阿尔卑斯山或是比利牛斯山，有一种动物叫瘸腿兽。有的人会把它描述成狐狸的样子，有的人会说它长得像麂，也有的人说它既像狐狸又像麂。这种动物特别适应山区的生活，因为它们一边腿长，一边腿短，所以在山坡上总是能站得很直！很神奇对不对？有的瘸腿兽左边的腿短，所以总是逆时针绕着山顶走。人们叫它"左旋瘸腿兽"。当然也有"右旋瘸腿兽"，就是左腿长、右腿短，总绕着山顶顺时针走。打猎的时候，抓瘸腿兽有一个窍门，那就是要让它害怕。它害怕了自然就想逃跑，这个时候它就会掉过头，可这样一来它的那两条短腿就会踩在低的地方，身体就会倾斜，

瘸腿兽雄赳赳、气昂昂地巡视自己的地盘。

因此必然会从山坡上滚下来。你要是信了这个故事，拿着大口袋去山下守着，等着猎物自己送上门来，你就被他们捉弄了！

哈哈，好吧。不过动物真的可能一边腿长、一边腿短吗？要知道，除了水母、海绵动物还有其他一些在水中生活的小动物之外，所有动物都是左右对称的，也就是说从起源开始，动物的祖先就很明智地长出了几乎一模一样的左右两侧。当然，也有一些原本左右对称的动物后来进化出了不对称的部位，比如大西洋砂招潮蟹的一个螯就明显比另外一边大了很多，但这种现象是比较少见的。所以，四肢一样长的瘸腿兽老祖宗进化出一侧腿长一侧腿短的后代也不是完全不可能。怎么做到的呢？这只不过是基因的游戏而已。

在脊椎动物的基因中，TBX5基因会控制两条前腿在胚胎中的形成。而另一条染色体上的TBX4基因控制后腿。假设一头瘸腿兽祖先的受精卵发生了基因突变（也就是基因在复制时出现了错误），导致胚胎在形成前腿时，TBX5 基因让左腿短了一点。（有趣的是，TBX5 基因实际上还控制着心脏的形成，而心脏位于身体左侧，是动物体中为数不多的不对称器官——这说明我们的这个假设并不完全是异想天开。）可问题是，这样的动物是个瘸子。它和遗传了它这个缺点的后代都会成为群体中的弱者，更难活下来。所以在这个家族全部丧生之前，就让幸运之神眷顾它们一次吧：它们的基因需要再一次发生变异，而这次变异恰好发生在控制后腿的 TBX4 基因上。当然了，得非常凑巧才行，因为要形成山民们所说的瘸腿兽，变短的得是同一侧的后腿，按照我们刚才的假设，也就是左侧的后腿。好了，一头左旋瘸腿兽终于诞生了。那怎么才能产生右旋瘸腿兽呢？那就还得在两个基因上都发生同样的巧合，只不过换成右腿变短。换句话说，只有当这两次奇迹般的变异几乎同时发生的时候，传说中的瘸腿兽才有可能诞生。怪不得没人相信这个故事呢！

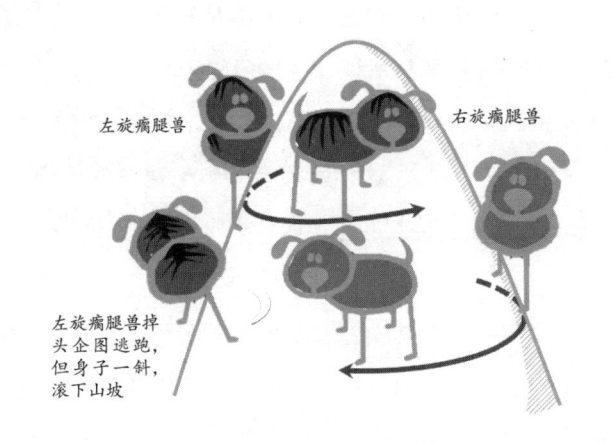

咱们姑且相信一次，就当瘸腿兽真的存在。那么如果让左旋瘸腿兽和右旋瘸腿兽进行交配会发生什么呢？理论上，左旋瘸腿兽和右旋瘸腿兽都只会和同类进行交配，作为大众图书，我们在这里不便详细解释其中的缘由，但是你自己也一定能想出来为什么（小提示：左旋瘸腿兽和右旋瘸腿兽只可能面对面相遇）。不过，在两面都是坡的小山峰上，这倒也不是不可能，所以偶尔会有这样的事情发生。那么，它们的后代会是什么样子呢？

每个动物都有成对的染色体，其中一条是由父亲的染色体随机组合而成的，而另一条是由母亲的染色体随机组合而成的。这样的话，左旋爸爸和右旋妈妈生出来的小瘸腿兽就会把变异的短腿基因都遗传来，也就是前腿后腿左腿右腿都是短的。所以看起来就像是一条猎獾犬……既然它的四条腿都一样长，咱们就叫它"平地瘸腿兽"吧。当这些"平地瘸腿兽"互相交配的时候，那才热闹呢！它们的后代什么样的都有！事实上，平地瘸腿兽的后代中只有 1/4 和父母长得一样，四条腿都是短的。另外 3/4 要么歪向一侧，要么严重瘸腿！所以，平地瘸腿兽不仅自己会因为腿短而难逃大灰狼的魔掌，而且它们的后代也有 75% 的可能性完全不适应平地的生活！因此，这种残疾会导致平地瘸腿兽很快灭绝。"这个作家真是奇怪，他到底想说明什么呀？"别急，你马上就知道了。

我们假设有一头左旋瘸腿兽又发生了另外一种变异：它长出了条纹图案的毛。这样的图案让它更容易伪装自己，因此它就能比同龄的小伙伴有更多存活下来的希望。假设它活到了成年，进

平地瘸腿兽

使左腿变短的变异

控制前腿形成的基因

控制后腿形成的基因

左旋瘸腿兽爸爸

右旋瘸腿兽妈妈

平地瘸腿兽

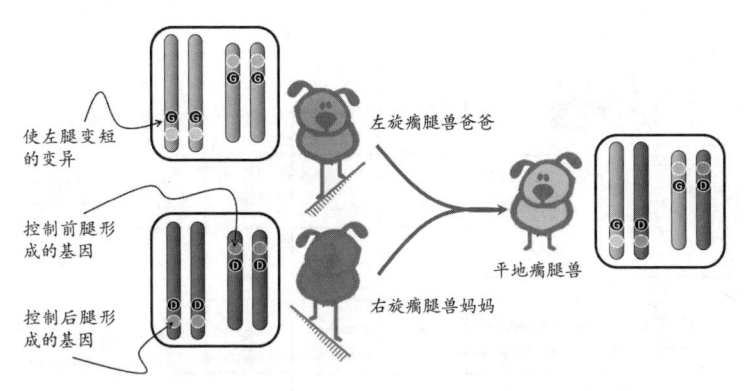

每个动物都有成对的染色体,一条是由父亲的染色体随机组合而成的,另一条是由母亲的染色体随机组合而成的。这一对染色体中有一条携带着控制后腿形成的基因(深色圆点),另一条携带着控制前腿形成的基因(浅色圆点)。对于瘸腿兽来说,这些基因上都分别发生了使左腿(G)变短或使右腿(D)变短的变异。

那么左旋爸爸和右旋妈妈会繁殖出什么样的后代呢?对于前腿来说(浅色圆点基因),小瘸腿兽遗传到爸爸的左腿和妈妈的右腿,那么它的两只前腿就都是短的。后腿也是一样的(深色圆点)。那么它的四条腿长度相同,是一只"平地瘸腿兽"。

行了交配,把这个特征遗传给了它的后代。时间一天天地过去,这种变异就会流传开来。若干年之后,所有左旋瘸腿兽的毛就都变成条纹图案的了。那么右旋瘸腿兽也会得到这个变异基因吗?答案是否定的。我们已经知道,要想让左旋瘸腿兽的基因传到右旋瘸腿兽的群体中,就必须经过"平地瘸腿兽"这一步。而我们刚才已经发现,平地瘸腿兽连自己的小命都不一定能保得住,它

站不住的瘸腿兽

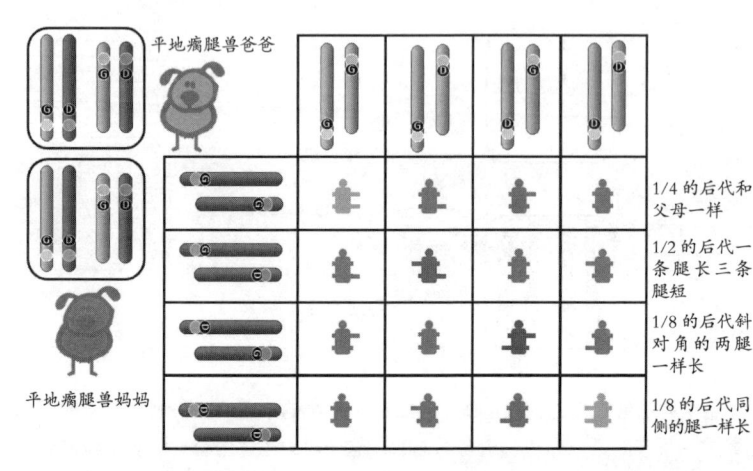

平地瘸腿兽爸爸					
平地瘸腿兽妈妈					1/4 的后代和父母一样
					1/2 的后代一条腿长三条腿短
					1/8 的后代斜对角的两腿一样长
					1/8 的后代同侧的腿一样长

　　两只"平地瘸腿兽"生出来的后代就有更多种情况。因为要从父母双方各取一半的染色体，那么来自父亲的基因就有 4 种情况，来自母亲的基因也有 4 种情况，综合出的结果就有 16 种可能性。我们先来看表格的第一行。第一种情况（左上角），后腿（深色圆点基因）遗传到两个左侧是短腿的基因，前腿（浅色圆点）也遗传到两个左侧是短腿的基因。因此，这个小瘸腿兽就是左侧为短腿的正常瘸腿兽。第二种情况（第一行第二格），后腿同样是左侧短、右侧长，而前腿遗传了母亲左侧的短腿和父亲右侧的短腿，所以这个小家伙只有一条腿是长的！第三种情况也是一样的（第一行第三格），只不过变成只有右侧的前腿是长的。以此类推……最后得到的结论是，在一窝"平地瘸腿兽"的后代中，四条腿一样长的有 1/4，一侧腿长、一侧腿短的有 1/8，其中 62.5%（10/16）都瘸得厉害，可能根本活不下来（尤其是表格中间斜对角的两条腿一样长的那两只最可怜！）。

们的后代要想活下来就更难了！可是你一定听说过，如果两种动物在一起不能繁殖出后代（比如把螳螂和仓鼠放在一起），或者繁殖出的后代无法生育（比如驴和马生出的骡子），那么我们就认为它们属于两个物种。在上述两种情况中，属于不同物种的两组动物都是无法进行基因共享的。而瘸腿兽则不符合其中任何一种情况，因为左旋瘸腿兽和右旋瘸腿兽能够交配产生后代，它们的后代也能够生育，但是尽管如此，它们实际上并不能获得对方的基因，因此，也属于两个物种！

这个故事倒是让我们想到了一件真事。狮子和老虎是不同的物种，但它们能够交配产生后代：雄狮与雌虎能够生出狮虎，雌狮与雄虎能够生出虎狮。事实上，所有豹属的猫科动物（非洲狮、非洲豹、亚洲虎、美洲豹）都可以交配，它们的后代也并不像人们以为的那样一定是不能生育的。人们甚至还造了很多词来给它们的后代命名，比如"狮狮虎"（雄性狮子和雌性狮虎兽的下一代），还有"虎虎豹"（雄性美洲虎与雌性豹子生出的雌性虎豹再与雄性老虎繁殖出的下一代）——真的没骗你！

既然这些豹属动物能够互相交配，那它们为什么至今还能保有各自的特点呢？一般的解释都会说这些动物除了在动物园会有交集，正常情况下是永远都不会碰面的。这么说也对，只是不适用于狮子和老虎。一直到罗马帝国末期，亚洲甚至是欧洲都一直有狮子的存在，也就是说，狮子和老虎从一开始就生活在同一片土地上！人们现在认为，一些洞狮适应了不同的生活方式，特别是狩猎方式。老虎外出狩猎时总是各自为战，因此体型较大，而雌性狮子通常都结伴而行，每一个个体也就不需要长得很大了，所以体型比老虎小得多。如此明显的差异在交配时非常不方便。这与瘸腿兽遇到的情况如出一辙！尽管两种瘸腿兽都生活在同一片土地上，但仅仅因为它们的生活方式略有不同——有的一直向左走，有的一直向右走——它们杂交的机会就少之又少，而且它们的后代也很难存活。这一点微小的差异最终将它们变成了两个截然不同的物种！

你看，科学就是这么神奇，就算是一个没头脑的问题也能让我们学到不少有趣的知识呢！

假如半人马座 α 星上有外星人

半人马座 α 星是距离太阳系最近的恒星，假如它的一颗行星上生活着一群会用无线电的外星人……

"咚咚咚……"外星邻居突然来敲门……

不久前一个夏天的晚上，我的脑海中出现了这样的场景：夜幕降临，晚饭时间快到了。在丛林边有一幢房子，阳台上的桌子上摆着兰花。兰花里有两只小指尖那么小的青蛙。它们和树林里的青蛙一起卖力地叫着。我们就暂且把这两只青蛙叫作罗密欧和朱丽叶吧。罗密欧不时声嘶力竭地喊着，"呱——"，喊完就在叶子间跳来跳去寻找朱丽叶。不幸的是，当朱丽叶听到罗密欧的声音，它就立刻停在原地不动了，可这样一来，找到它就变得更不容易，罗密欧从它身边经过都感觉不到它的存在……最后的结果就是，在这个不大的花盆里，罗密欧和朱丽叶花了三刻钟的时间才终于见到了对方。而这正是外星人会遇到的难题。

近一个世纪以来，我们人类一直用无线电波进行海上通信，用无线电波发送调频广播和电视节目。后来手机得到了普及，无线电波更是无处不在了。在这些信号中，相当一部分会进入太空。如果我们附近有另一个星球也在发射类似的电视信号和手机信号，也就是说他们也向太空中发射大量的无线电波，那么我们和外星人找到彼此会比花盆里的两只青蛙更容易吗？

这个问题的症结在于，无线电信号的功率（每秒钟传输的能量）与距离的平方成反比，也就是说，当你与波源的距离变为10倍远时，信号就会变弱为1/100。而离我们地球最近的恒星，更确切地说是半人马座 α 星的两颗恒星，离我们也有4.3光年。这是什么概念呢？如果把我们的太阳看作一粒沙子，那么地球大概就是红细胞大小，它的运转轨道距离太阳5厘米。冥王星在太阳2米之外。这个时候的半人马座 α 星也变成了两粒沙子，它们和太阳的距离是……13千米！因此是非常远的。

所以，要想接收到来自半人马座α星的信号，唯一的办法就是借助射电望远镜。射电望远镜看上去就像一个大圆盘，和接收电视信号的卫星天线锅一样，只不过它比卫星天线锅大得多，它能够将很大范围内的无线信号收集起来，集中到一个非常灵敏的接收机上。目前，世界上最大的射电望远镜在阿雷西博天文台，直径为302米，它位于波多黎各的一片树林里（那里生活着千百万只极小的青蛙）。条件适宜时，它能够探测出低于0.000000000000000000000001瓦/平方米的电波。很厉害吗？其实并没有。

经过计算，我们惊奇地发现，就算半人马座居民的科技水平和我们一样先进，他们的无线电波进入太空后（除非他们的星球被一层TNT炸药所包围，否则一定会有无线电波逸散到太空之中），还没等离开他们的恒星系，我们就已经一点都探测不到了。所以我们完全没有可能收到他们的信号，同样，他们也得不到我们的消息。

那如果半人马座居民领先我们几个世纪呢？假如他们已经征服了太空，那么他们就不再局限于原本的"地球"，可以去恒星系中其他的星球上生活了，几千亿外星人有的住在"月球"上，有的移民到空间站，有的乘坐宇宙飞船来回穿梭。而所有这些人都需要通信啊！这样的话，如果传到太空中的信号接近10吉瓦（10^{10}瓦），我们就应该能够探测到了吧？理论上是可以的，但探测到的信号也会极其微弱。因为10吉瓦的信号在传播了5光年之后，根本达不到人类接收机所需要的强度，就连我们最强大的射电望远镜都不行，这还不算什么。进入太空的无线电肯定不是以同一个频率发出来的，而是由很多种不同的频率相互叠加而成。这就更难探测了。事实上，射电望远镜的接收机需要设定在一个特定的频率上，因此能够接收到的波只是所有波中的一小部分。这样一来，电波的强度就好像一开始就弱了两三倍。所以，外星电波大概只需要走一光年就没法被探测到了……

以外星人的名义，我们一定会做到的！这一次，我们假设半人马座居民比我们先进几千年，人口达到了几万亿。他们把周围所有的小行星都开采了个遍，造出了几十亿平方千米的太阳能板（这是地球表面积的好几倍），这些太阳能板飘在太空中吸收恒星发出的能量，用以供给高耗能的外星人（这么多能量是地球人消耗量的几万倍）。这样的话，他们星球释放出的无线电信号就能达到100太瓦了（10^{14}瓦），这么强的信号在6光年之外也探测得到。这就没问题了吧？确实没问题，可如果外星人不在离太阳系最近的半人马座α星，而是在12光年外离太阳系第二近的鲸鱼座T星，我们就又探测不到了。更重要的是，100太瓦的能量就这么白白流失，这些超级先进的外星人也太大手大脚了，比我们人类还不懂得节能呢……不得不说，这种情况实在是太不切合实际！

所以我们发现，如果不是有意为之，来自外星球的无线电信号就算进入太空，也不太可能被人类探测出来。那么要接收到这种信号，唯一一种可能就是无线电信号是以波束的形式对准我们射过来的。你知道吗，这是有可能的。在地球上，我们的天文学家会向太空发射很强的雷达波束，这些波束如果遇到障碍物就会反射回来，通过这种方法，天文学家就能探测到可能会撞击到地球的小行星。他们所用到的也是射电望远镜的天线，只不过是将接收信号的接收机换成了发射信号的发射机。发射机发出的电波碰到射电望远镜的大圆盘后便折回来，形成狭窄的平行波束，然后射向天空。如果在波束方向上恰好有一台接收机，那么对它来说，从阿雷西博天文台发出的 1 兆瓦的波束信号就和 22 太瓦朝各个方向射去的电波信号一样强。这就很有可行性了！

如果条件允许的话，半人马座 α 星的人大概也会做同样的事（谁也不想被大陨石砸到啊！），只不过他们发出的波束应当集中在他们所在的轨道平面上，不太可能射向我们这边……但谁能说得准呢！再说，他们的天文学家可能偶尔也想找点乐子，故意把波束对准我们，给我们发一条信息呢。

理论上，一个能量相当于 22 太瓦的单频率信号就算从 700 光年以外的地方发来，我们的设备也能探测得到。万事大吉了吗？并没有。要想接收到这个信号，在信号到达地球时，我们的射电望远镜天线需要不偏不倚恰好朝向半人马座 α 星的方向。而且，我们还得脑袋一热，恰好决定接下来的几分钟甚至几十分钟都让天线保持这个方向一动不动。为什么呢？这和照相是一个道理：当曝光时间足够长，光线就会累积起来，这样比较暗的物体才能被照到（这就是为什么晚上拍的照片经常会虚）。OK，我们就假设射电望远镜恰好在正确的时间朝向了正确的方向，而且还保持了足够长的时间没有动。

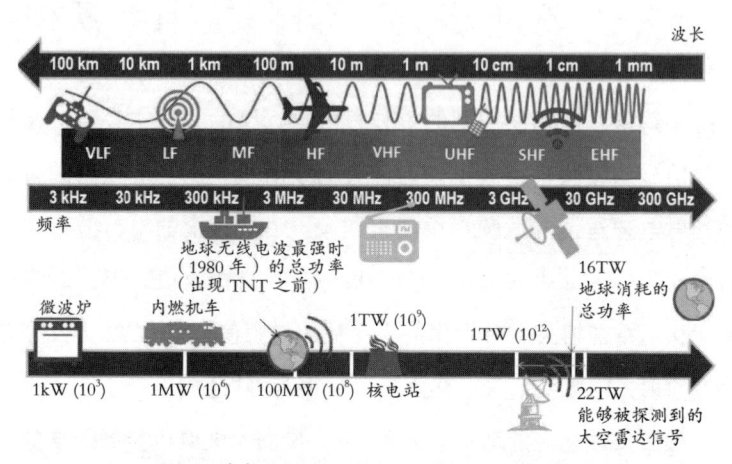

波长: 100 km, 10 km, 1 km, 100 m, 10 m, 1 m, 10 cm, 1 cm, 1 mm

VLF, LF, MF, HF, VHF, UHF, SHF, EHF

频率: 3 kHz, 30 kHz, 300 kHz, 3 MHz, 30 MHz, 300 MHz, 3 GHz, 30 GHz, 300 GHz

地球无线电波最强时（1980年）的总功率（出现TNT之前）

16TW 地球消耗的总功率

微波炉　内燃机车　　　　1TW (10^9)　1TW (10^{12})

1kW (10^3)　1MW (10^6)　100MW (10^8)　核电站

22TW 能够被探测到的太空雷达信号

几个大致的数据。[1] 无线电波的波长——即相邻两个波之间的距离——在100千米到1毫米之间（波长较短的波有微波、红外线、可见光）。对应的频率——单位为赫兹（Hz）——是指每秒钟通过指定某一点的波数。在20世纪80年代，地球上的无线电应用发展到顶峰，最大功率（即每秒产生的能量）约100兆瓦。

这样，我们的接收机就发现了一个信号很强的波束。半人马座外星人通过闪烁的信号对我们说："嗨！你们好吗？"当信号强的时候，就是一个二进制数字1，信号弱的时候就相当于0。可惜的是，因为我们让信号堆积了好几分钟——假如说3分钟吧，所有的闪烁信号都摞在了一起，所以我们接收到的只是3分钟的"呱——"。要想让这些0和1依次被记录下来，那就得减少"曝光时间"：如果发来的信号是每秒钟10位数，曝光时间就得少于

---

[1] 本图功率单位：kW—千瓦，MW—兆瓦，TW—太瓦。——译者注

1/10秒。(顺便说一句,这里又需要一个"恰好":我们得在一无所知的情况下将设备恰好调到外星人选择的带宽,即每秒传输的位数——比特/秒。)可是,如果曝光时间减少了,射电望远镜的灵敏度就会大大降低。这样的话,700光年外传来的信号就不能被探测到了,十几光年的还差不多。而100比特/秒的带宽只够记录下一光年以内的信号……(见彩页图"太空中,没人听得到你的呼喊!")

地球的耳朵

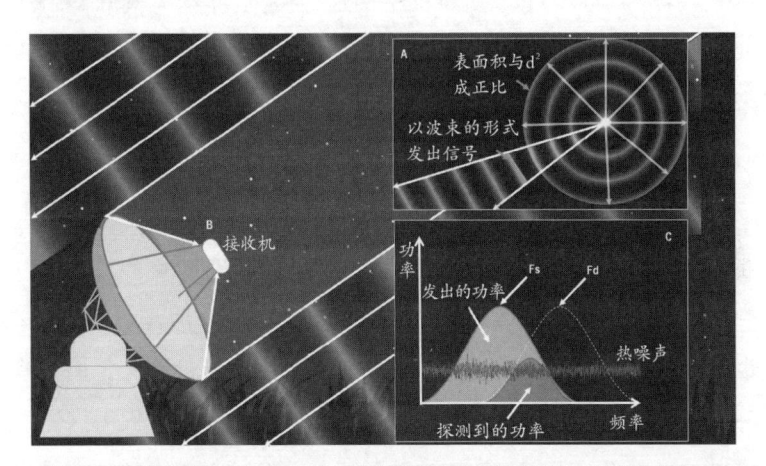

从很远的地方(图A)传来的无线电波在我们看来都是沿直线传来的,互相平行(图B白色箭头)。这些波碰到射电望远镜的凹面镜后发生反射,汇聚在无线电接收机上。凹面镜越大,能够汇聚的能量就越多(C图:另外还需要调整接收机的接收频率Fd,使其接近波源的频率Fs)。如果把接收机换成发射机,射电望远镜就能够发出一道很窄的无线电波束。

波的能量与传播距离的平方成反比(A)。但如果将1兆瓦的信号以波束的形式发出,那么对于在波束方向上的接收器来说,它的强度就相当于一个方向不确定的22太瓦的信号。

你明白了吗？我们唯一有希望获取的外星人信号要么是短促的雷达波，要么是专门向我们发送的信息，然而这个信息的内容我们很可能也没法理解（除非我们能事先沟通好时间、带宽、频率）。这就和那两只热带青蛙一样，尽管我们离得不远，但几乎感觉不到对方的存在，只是偶尔听到一声短促的"呱——"。这个结论让你感到很悲凉吗？别这么悲观。

有些科学家认为，既然我们经过 50 年的研究都没有收到任何外星人传来的信号，那就说明外星人是不存在的。但我们刚才所说的这一切恰恰证明他们是错的，因为就算外星人离我们不远，就算他们的科技无比发达，他们的信号也很难传到我们这里来。更让人惊奇的是，无线电天文学家曾经发现过频率很单一、简短但有力的无线电信号。比如 1997 年发现的来自人马座的讯号"Wow！"，还有来自距太阳系 98 光年的白羊座恒星 TYC 1220-91-1 的一个长达十秒的神秘信号。这个神秘信号的发射频率恰好等于氢的频率与 π 的乘积（氢是宇宙中含量最多的元素）——这也许意味着这个信号是人为发射的，当然也有可能不是！但不管怎么样，这两个信号后来都没有再出现过，至少在人们去探测的时候都没有发现，不过我们已经知道，这是情理之中的事情。只不过科学家们因为不能对这些信号反复进行研究，所以什么结论都得不出来。有的信号可能是自然现象导致的，有的可能只有通过技术手段才能实现，但是迄今为止，我们所掌握的信息还不能让我们得出一个明确的答案。一方面，没有任何证据能够证明外星人的存在；另一方面，断言银河系不存在其他生命显然也为时太早。不过，就目前来看，就算浩瀚的宇宙中存在千千万万个有外星人存在的星球，他们发出的无线电信号和树林里的蛙鸣也没什么两样！

越精确，就越不敏感

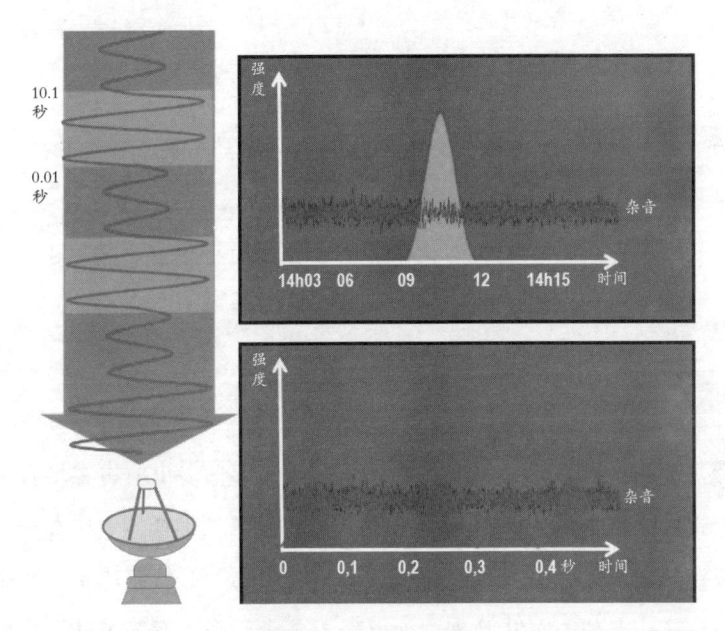

假设一个持续 3 分钟、强度为 1 太瓦的信号从半人马座 α 星向我们传来。那里的外星人通过变换信号的强度发来一串二进制数 0 和 1，变换频率为 10 次 / 秒。我们的接收机"曝光"的时间越长（即收集无线电波能量的时间），接收机能探测到的信号越强，也就越敏感。如果保持 3 分钟不动，我们就会收到一个很强的信号。但这样的话，所有的二进制数都会叠加在一起。按照我们这张图，我们最后得出的结论就是 14 时 09 分至 14 时 12 分收到不明信号，仅此而已。要想依次捕捉到每一位二进制数，我们就得将"曝光时间"减少到 0.1 秒以内。但这样做会使接收机的敏感度大大降低：这时的信号强度并不比周围的杂音高多少。

假如怪兽来袭

电影中经常会演到巨大的蜘蛛、蚂蚁、微生物、蜥蜴，这些怪兽来者不善，经常让整个城市人心惶惶……假如真的发生这样的事，我们该怎么办呢？

别的不说，光是想象自己被一只超大的变形虫活生生地吞下去就足够吓人了。在1958年上映的恐怖片《变形怪体》中，一个来自外星球的巨型变形虫——这只"微生物"俨然变成了"巨生物"——在美国军队赶来之前已经把二十几个人吞下了肚。这样的电影倒是给我们敲响了警钟，也许我们该想想对策了。要是有一天真的出现这种怪物，我们也不至于措手不及。那么首先要知道的就是，我们要对抗的到底是个什么东西呢？

变形虫的身体里70%都是盐水，里面飘着少量的脂肪和蛋白质。简单来说，它的浓稠度就相当于一升水里放了一两块浓汤宝（当然，作为一个活细胞，变形虫体内其实是一个名副其

救命！怪兽来啦！

实的小工厂，结构要复杂得多），也就是说，它是非常软的！变形虫的身上之所以能形成一些小凸起，是因为它有着帐篷式的构造。它的细胞膜实际上是靠细胞骨架纤维来支撑的。除了起支撑作用，这些纤维还扮演着高速公路的角色。在细胞的内部，一种叫作驱动蛋白的小蛋白质需要沿着细胞骨架纤维才能把各种小分子运往各处，保证细胞的正常运行，这个过程看起来就像一群小人在走钢丝一样！另外，细胞骨架纤维还能够自行散开，然后在更远的地方再重新整合。正是这个特点让变形虫能够不断变形，一点点地向它的猎物靠近，然后将其包住，最终将猎物残忍地分解……你想想看，如果这种怪物变成一立方米那么大、体重差不多有一吨，那该多恐怖啊！

说老实话，可能也没那么吓人。细胞骨架是由肌动蛋白（构成肌纤维的蛋白）和角蛋白（毛发的主要成分）构成的，当变形虫变成大怪物，它的细胞骨架纤维就和头发丝或者牛排上的肉丝

（就是总塞在牙缝里那种）差不多粗细。因此，这样的骨架一点都不结实！更糟糕的是，驱动蛋白的旅途变得格外漫长：在正常细胞里不到一秒钟就能走完的路现在得走整整两个星期（驱动蛋白移动一米就需要这么久）。因此这个变形虫大怪物不仅软绵绵的，而且很可能还会动作迟缓！这还不算什么。在现实中，活细胞很像油和醋搅在一起形成的小油滴。对于一个0.0001克的正常变形虫来说，细胞膜只需要薄薄一层油就够了，但如果变成一吨重的大怪物，这是根本行不通的（无论用多少油都不好使！）。

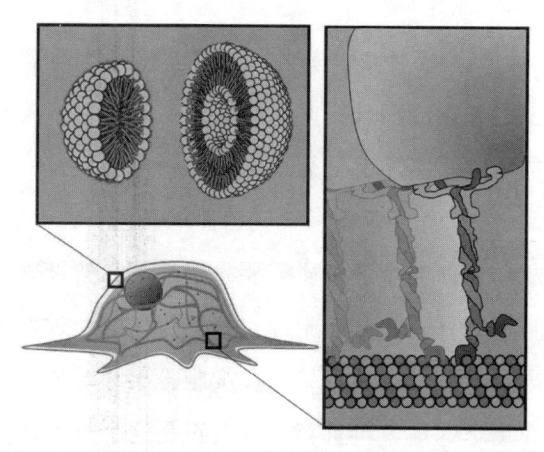

脂肪分子由可溶于水的"脑袋"（球状）和不溶于水的"尾巴"构成。多个分子聚在一起就可以形成小球的形状（左边），这个小球也有可能是空心的（右边），这个结构就和细胞膜非常相似了。

在细胞内部，蛋白纤维既起到支撑的作用，也为驱动蛋白提供路径，使它能够运输细胞正常运行所需的物质。

结论就是，如果真的出现了一只巨大的变形虫，你完全不用慌！它不会造成太严重的后果，顶多就像街上打翻了一大罐醋一样。你只要找一瓶好用的洗洁精、穿上一双结实的橡胶靴，就完全能制服它。

仔细想想，这也是情理之中的事。我们在生活中其实经常能见到巨大的细胞：鸡蛋（尚未形成胚胎的鸡蛋）不过就是一个细胞而已。而要达到鸡蛋那么大，它的外侧就得包上一层硬壳，不然就会——啪——流成一摊。这样说来，我们可以把鸡蛋看作带着外壳的单细胞大怪物，只不过它完全没有攻击力。可是……如果怪物不仅有外壳，还长了腿，那可怎么办？没错，大蜘蛛或者其他的巨型昆虫似乎要危险得多。

就拿安的列斯群岛的切叶蚁来说吧，现实中的这种蚂蚁就已经很厉害了：它的体长超过1厘米，能够举起约500毫克的东西，这是它体重的100倍。这就好比你用自己的双臂举起一辆露营车！想象一下，如果发生了变异，或是哪个专家发疯了，抑或是在魔法的作用下，这些小蚂蚁一下子变大了500倍，那会怎么样呢？

现在，我们的这只蚂蚁变成了 500×1 厘米 $=5$ 米长，和1954年的电影《X放射线》（历史上首部呈现巨型昆虫的电影）里的巨蚁一模一样，巧的是，这部电影中的巨蚁也在军队到来之前吃掉了二十来个人。那么这只巨蚁的力量会不会也变成原来的500倍呢？答案是否定的，要知道，力量增加的幅度要大得多。事实上，蚂蚁的腿部力量是与腿上的肌肉纤维数成正比的。如果你胆子够大，敢跑到这个大怪物跟前把它的一条腿横着切下来，你就会发现，肌肉纤维在一个圆筒中有序地排列着，每一束纤维就是一个

体长 ×500
5米

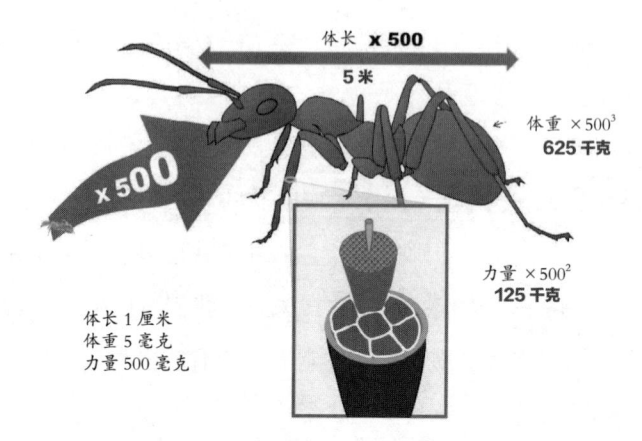

体重 ×500³
625千克

×500

力量 ×500²
125千克

体长1厘米
体重5毫克
力量500毫克

5米长的蚂蚁不存在！如果蚂蚁变大500倍，它的体长就是原来的500倍，力量就是原来的500²倍（力量与肌肉纤维的量成正比，比如说我们可以看一条腿的横截面能够放入多少根纤维），它的体积也就是体重会变成500³倍。这时你会发现，虽然蚂蚁的个头变大了，但它能够支撑起来的重量却变成了它体重的1/5，其实没什么杀伤力！

横截面上的一个小点。而圆筒中"小点"的个数是与圆筒的横截面积成正比的，因此也就和直径的平方成正比。这样算下来，如果腿变大了500倍，那么纤维数量就会变为500²=250000倍，也就是说蚂蚁的力量会变为原来的25万倍。这样我们就可以算出，它能支撑起来的重量就变成了125千克！

蚂蚁的力量确实是大了，只不过还有一个问题：蚂蚁的体积会变成原来的500×500×500=125000000倍（因为它的长、宽、高都变成了原来的500倍）。这样的话它的体重也会相应地增加，变成625千克，这可是它身体力量的5倍啊！所以我们的大蚂蚁只能做一件事了，那就是：一动不动，等着饿死。所以这种怪物也没什么好害怕的。好吧！可是如果不是蚂蚁，而是马蜂或者其他不用非得待在地上的、会飞的动物呢？比如摩斯拉怎么样？摩斯拉是日本电影中的怪兽，它的外形就像一只大蝴蝶，在电影中经常大战另一种怪兽哥斯拉。从理论上讲，这种怪兽其实根本飞不起来，因为翅膀能够提供的升力与翅膀的表面积成正比（500^2），而它的体重却会变大更多（500^3），所以它和蚂蚁遇到的问题是一样的。这些昆虫充其量只能给我们当大扇子，而且还又大又丑。

看来，真的能够活下来的大型动物只能是脊椎动物了，因为脊椎动物的肌肉不受外壳的限制，而且附着在非常稳固的骨架之上。（事实上，大型动物的确都是脊椎动物，看来大自然早就算计好了！）目前所知的脊椎动物中最高的是波塞东龙（与腕龙有亲缘关系的一种恐龙），它大概有18米高，50吨重。但是它在电影里一点都不厉害，因为波塞东龙全身的重量都压在四条大粗腿上，只不过是脖子比较长罢了。怪兽哥斯拉在电影中的威力就大得多了：它的身高有50米（是正常鬣蜥的25倍），因此体重至少也得有300吨左右（正常鬣蜥的体重乘以25^3），而且它还能站起来！我们假设它每条胫骨的直径都为几十厘米（这就很粗了），那么每平方厘米要承受的重量就是10—20千克。如果把这个压力放在人的身上，那就相当于让我们现有的骨架支撑起20倍的体重！当它跳起来要落地的时候，两根胫骨承受的力可能瞬间就要增加百倍。这么大的力，骨头可承受不起。换句话说，如果哥斯拉跳一下，它的两条腿就一定会断的。像跳房子那么简单的游戏都足够让它受尽折磨！所以说，面对这样的大怪物，保护自己并没有那么难。

这些生物个头不大的时候都好好的，怎么一变大就诸事不顺了呢？这是因为，一切物质都是由原子构成的，而原子的大小、软硬都是不变的，就像乐高积木一样！如果你按照同样的结构搭出了一大一小两个模型，那么大的那个一定更容易坏。所以结论就是：永远不会出现比你还大的蜘蛛来吃你，这证明原子确实存在。宇宙真神奇，不是吗？

假如空间有四个维度

我们生活在三维空间里,所谓三维,也就是长、宽、高三个维度。如果再加一个维度会怎么样呢?跟紧了,四维世界很疯狂!

准备好了吗?屏幕就要裂开了!

想象这样的场景：你正静静地坐在沙发上看书，突然，你感到一阵眩晕，还有一种失重的感觉。虽然说快睡着的时候偶尔也会这样，只不过这一次似乎没有那么简单……与此同时，你发现周围的一切都变暗了，不过与其说是乌云遮住了太阳，倒不如说是空气变浑浊了，因为不仅是阳光没那么亮了，客厅里的台灯也变得昏沉了，手机的屏幕也一样。这到底是怎么回事？万物都开启了"省电模式"吗？

这时，你又发现另一件事情：当你要站起来的时候，茶几上的东西全都在客厅里慢慢地飘了起来！好吧，怪不得刚才会有失重感，看来是因为地球引力变小了，这样的话头晕也是正常的。可是事情变得越来越离谱了。你眼睁睁地看着周围的物体飘了起来，绕着你转着转着就变了形。之前随手丢在一边的书、铅笔、运动鞋都变扁了，比海报还要薄，然后突然之间就消失不见了。另一些东西更奇怪，它们像手套一样里外翻了过来！当你看到小金鱼的五脏六腑露在外面、鳞片却被包在里面的时候，吓得大叫了起来。你凝神看了一会儿，发现金鱼仍不紧不慢地游着，这才平静了一点。可还没等你缓过神来，呕——你的眼前突然出现了一团很恶心的东西。什么情况？很快你就反应过来了，这是被消化了一半的早餐！

但是这些早餐是怎么出来的呢？它们显然没有走"常规路线"（唯一让人欣慰的是，这些早餐里明显只有嚼碎了的脆玉米片和热巧克力，所以你现在这种奇怪的经历并不是食物中毒引起的幻觉！）。除了所有这些，你还觉得有点冷。低头一看自己的衣服，你就知道为什么了：你的裤子正在开线，衣服也是！布料上的线都散了，谁也不挨着谁……快停下来吧！这到底是怎么了？好吧，我们这就来告诉你为什么。（见彩页图"四维空间所有的结都会散开！"）

其实这一切都是因为空间由三维变成了四维。我们的大脑已经习惯了只有长、宽、高的三维世界，所以很难想象四维会是什么样子。所以要想了解四维，最好的办法是先减掉一维，去想想二维世界是什么样的。这个方法是一位名叫埃德温·阿博特（Edwin Abbott）的英国教师想出来的，他在1884年写了一本天马行空的科幻小说《平面国》（强烈推荐！）。在只有两个维度的世界，空间就会变成一张巨大的纸，所有的生物都会像漫画书里一样呈现扁平的形象。这些生物只能向前后左右移动，而不能向上或向下走（这对于他们来说其实也是无法想象的），也就是说，他们只能在纸面上移动而不能离开纸。那么，如果这些生物突然进入了三维空间会发生什么呢？他们将要经历的变化就和我们进入四维空间后差不多。（见彩页图"欢迎来到平面国！"）

首先，当他们来到平面空间的上方，这些二维生物将第一次有机会看到平面的内部，这是因为，正如我们在三维世界中不会看到密闭立方体的内侧一样，二维生物在正常情况下也不会看到平面的内部。这一点其实是一条基本准则：当空间的维度增加时，之前的"内""外"之分就不存在了！

噢！怪不得你刚才看到了金鱼的五脏六腑！原来，金鱼并没有变形（所以它依然活着），而是你的视角变了。你的早餐能从胃里出来也是一个道理（它只要沿着第四维的方向移动就能够不经过胃壁而流出来，这就如同二维空间的物体如果沿第三维的方向移动，那么它就能不经过平面的边缘而离开平面）。只要沿第四维的方向，所有的物体都会摆脱三维空间的束缚，所以你会看到所有的布料都散开了。正如数学家们在 20 世纪 40 年代得出的结论一样，在四维空间，我们打的结都会自动解开！至于光线会变暗、重力会变小，那是因为在四维空间，光线和重力的强度会比在三维空间弱化得更快，所以你会明显地发现周围变暗了、东西飘起

光线很快就变暗了

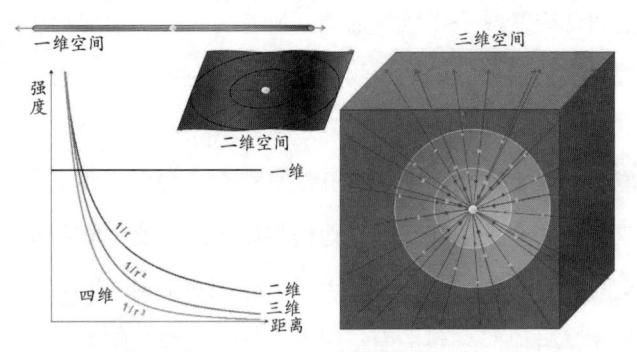

在我们的生活中，从光源发出的光线在三维空间扩散，距离越远，光线能照射的面积就越大（图中透明圆球的范围）。由于球体的面积与半径的平方成正比，所以光线的强度就与半径的平方成反比（即 $1/r^2$，也就是说距离变为 2 倍，光线的亮度变为原来的 1/4）。在二维空间，光线沿二维方向传播，形成一个圆，圆的周长与半径本身成正比，所以光线的强度不会减小得那么快，为 $1/r$。而在一维空间中，光线不会变弱，即亮度永远和光源一样。这样我们就推导出一个规律：在 N 维空间中，光线的强度与距离的 N-1 次方成反比。所以在四维空间，光线就会以 $1/r^3$ 的速度变弱，所以与三维世界相比，四维空间的光线走不了多远就不够亮了。（地球引力也是同样的道理。）

来了。

出现这些奇怪的现象倒是没什么，不过四维世界面临着非常非常严重的问题。数学家已经证明，如果重力变得那么微不足道，行星就不可能保持和太阳之间的距离，也就是说，不能在稳定的轨道上运行，这样一来，用不了多长时间，地球上会变得不是太热就是太冷！另外，我们吃进去的食物轻轻松松就跑出来了，哪还能被消化吸收。所以说，在四维世界活下来会非常不容易！所以我们赶紧停下来吧，要什么第四维，还是回三维世界的老家去吧！

可是还剩最后一个问题。你也许听说过，现代物理学的一些理论认为，我们的空间其实并不是三维，也不是四维，而是九维！别担心，这些理论还告诉我们，九维空间并不是随随便便就能进去的，所以刚才那些奇怪又惊悚的事情并不会发生。但是九维！天啊……德国数学家格奥尔格·康托尔（Georg Cantor）曾经有个学生放弃数学去当诗人了，康托尔说："当诗人也不错。其实搞科学研究，他还欠点想象力。"现在，我们终于能明白这句话了！

假如造一个金刚战神

哎呀呀，真是遗憾！日本的重型机器人 Kuratas（高 4 米，重 4500 千克）本来要和美国 MegaBots 制造的 Mark II（高 4.5 米，重 5400 千克）一决高下，上演历史上第一次重型机器人对抗赛的，可惜这场原定于 2016 年 6 月的比赛最后被取消了……作为补偿，咱们一起造一个更厉害、更大型的机器人怎么样？

你知道"机甲"吗？肯定知道！"机甲"就是日本科幻作品中常见的战斗机器人，它们或是能够打败其他的机器人，或是能够消灭巨型怪物，守护我们的地球（虽然战斗过程中也会摧毁一座座的城市）。咱们就做这样一个机器人玩玩怎么样？听好了，咱们要做就做个大的，像《变形金刚》的擎天柱、机动战士高达这样的都太小了，得从电视上最大的机器人里挑一个，就选金刚战神好了。动画片里说他有 30 米高，体重 280 吨……也就是说，他堪比一座十层的高塔，比 300 辆小汽车还要重！

来吧，金刚战神！不过小心点，别跑断了腿。

如今，人类已经能够制造可以直立行走的机器人了，就算突然故意绊他一下，他也不会摔倒。但是这样的机器人需要用非常强大的软件来控制。可是金刚战神不太一样，他其实是一个外形像人的大坦克，驾驶坦克的外星王子操控着他的一举一动。所以我们假定，机器人所有"有意识"的动作都来自驾驶员下达的指令（比如前进、后退、过马路之前向两边看），而所有"条件反射"类的动作则由机器人身上另外一台超级计算机负责，比如当他要失去平衡或被人打了一耳光的时候，计算机立即越过驾驶员直接向机器人的肢体发出指令，使他保持直立。这样，指挥系统就做好了，其他部分又该怎么做呢？

如果仔细看金刚战神的构造图，你会发现他从头到脚都裹着

怎么做？

变形金刚中的擎天柱：7米，38吨

金刚战神：30米，280吨

a. 驾驶舱。

b. 传导系统：将动作指令从发动机传输至关节。

c. 海军用高温超导电机：36兆瓦，即48300马力，120转/分，转矩：3000000牛米。

d. SSTAR型核反应堆：向发动机和火箭涡轮泵提供50兆瓦的电。

e. 蜂巢状装甲外壳：金刚战神的身高是人类的17倍，表面积就是 17^2=289 倍，因此需要装甲600平方米。若平均厚度为3厘米，外壳钢铁的重量就是140吨。所以最好使用蜂巢状的钢板，其强度与普通钢板相当，但重量只有普通钢板的1/5！

f. 火神发动机（阿丽亚娜火箭上使用的发动机）和油箱：在奔跑或跳跃时减轻腿部受到的压力。

厚厚的装甲。可问题是，如果用普通钢板，这种机器人应该要用厚度为几厘米的那种，那么仅仅是这层外壳的重量就会超过他一半的体重！所以我们可以用蜂巢结构的钢板来解决这个问题，这种钢板小孔密布，强度与普通钢板差不多，但重量只有普通钢板的 1/5。不过就算这样，外壳的重量大概也得 30 吨，如果里面再加上钢筋来充当骨骼，总重量恐怕还是太重了。所以最好的办法就是让这层装甲外壳同时起到支撑身体的作用。昆虫不就是这样吗？它们的甲壳就兼具骨骼的功能！那你可能就要问了，如果金刚战神的腿是两根空心钢管，直径 3 米、厚度几厘米，这不就像易拉罐一样吗，能撑得住他的身体？答案可能会出乎你的意料：能。至少在他站着不动的时候。

用机器人的体重除以体重的受力面积（即空心钢管几厘米厚的管壁，零点几平方米），我们就可以算出钢管受到的压强约为 10 兆帕，理论上，钢铁能够承受的压强是这个数字的 40 倍。那走路的时候呢？走路的时候，机器人腿部受到的压强会瞬间增加十几倍，也就是达到钢铁承受能力的一半。你可能会说："太棒了，依然在承受范围之内！"只不过事实上，任何工程师都不会接受这样的设计。

这是因为，刚才的所有数值都是按理想情况来计算的，也就是假定钢材中没有任何一处裂纹会在运动过程中因为外力的作用而越裂越大、任何一处螺丝都不会微微扭动直至越来越松、任何一个齿轮都不会因振动而磨损、金刚战神的双脚总是能够正正地竖直下落……总之，这是现实中不存在的完美状态（这种状态在对抗哥斯拉的时候尤为重要）。那怎么办呢？工程师在设计的时候，比如说要造一个起重机，他们首先也要算一算钢材的厚度、固定部位的厚度、钢绳的承重能力等，这时算出来的就是理想状态的理论值。然后他们会把所有的结果乘以 5！如果建造的是电梯或者缆车，这个"安全系数"甚至会设为 10。问题是如果给我们的金刚战神也乘以一个安全系数，整个结构就会变得非常厚重，重到完全动弹不得。这样的话，我们最终只会造出一幢奇形怪状的大楼而已。所以我们就不用工程师的那套办法了，别怕，没准咱们运气好呢。嗯，不是一般的好，是特别特别好……

机器人走路需要能量，这些能量从哪里来呢？这就需要一个发电量达到 50 兆瓦的发电站了，要知道，一个 5 万人的小城市有这么一个发电站也就够了。而且，要装在机器人身上，这个发电站得尽可能地小、尽可能地轻。所以只有核电站才行，说得准确点，得是最新发明的以钍为原料的核电站（可别小气呀），这种核电站目前正在研发中，它将放射性燃料和所有发电所需的设备全部密封在一个 6 米长、3 米宽的容器内，麻雀虽小，五脏俱全。至于发动机，那必须得是高温超导电机了，美国海军测试出它的动力超过 48000 马力。好啦，我们的机器人造好了："出发吧，金刚战神！"

我们注意到的第一件事就是：好费劲啊……加油啊战神，你倒是抬脚呀！问题出在哪儿了呢？要想理解其中的原因，你可以自己捏着扫帚杆的一端试着把它提起来。你会发现，需要用很大的力气才行。你要克服的不光是重力，当你想让扫帚水平摆动时，你还会感觉到扫帚给了你很大的阻力。当你的手腕向扫帚施力、让它扭动的时候，扫帚就会受到"力偶"的作用。转动轴另一端的物体质量越大，需要的力偶矩就越大。你想想，金刚战神的腿

金刚战神如何行走?

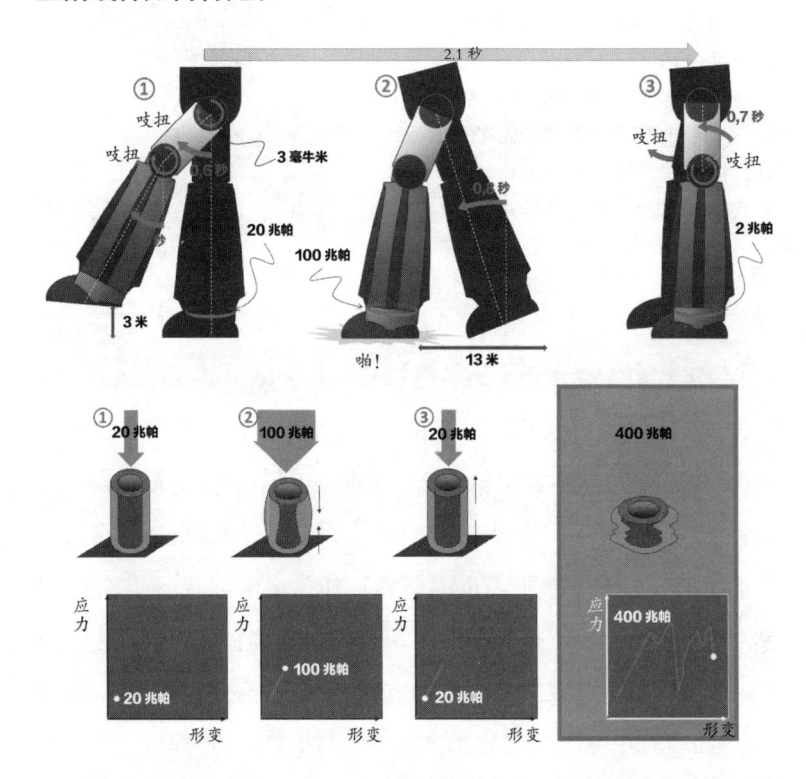

①机器人的大腿旋转 45 度,同时小腿旋转 30 度。就算使用能够提供力偶矩达到 3 毫牛米的超级发动机,让这么长、这么重的腿完成这个动作也需要半秒多的时间。此时机器人的身体都靠另一条腿来支撑,这条腿受到的压强会达到 20 兆帕。

②机器人身体倾斜,一只脚从三米高的位置重重地落在地面上,如果落地时的这个冲击力全部作用在小腿上,假设作用时间为 0.1 秒,那么这条腿受到的压力就会是体重的四五倍(这个估算是比较准确的,因为当人在慢跑时,每次落地腿部就要承受 4 倍的体重)。那么受到的压强也就是 100 兆帕左右。

③接下来，落地的腿蹬直，机器人的另一条腿就可以重复同样的动作了。总体上，他每迈出一步需要两秒多的时间，可以前进 13 米。

当钢材受到的应力在 400 兆帕以下时，钢材只会发生轻微的变形，等应力一消失就可以恢复原状。当应力超过 400 兆帕，变形会非常严重，而且这种变形是不可逆的。换句话说，如果机器人的步子太重的话，他的腿就保不住了。

可比扫帚长多了、重多了！虽然说高温超导电机的作用就是让战舰巨大的螺旋桨在水里旋转起来，它能够提供的力偶矩可以达到 300 万牛米，是汽车发动机的 25000 倍左右，但即便是这样，让金刚战神将胳膊或腿抬起来、向前、再伸直——也就是打别人一下或者走一步——差不多也得两秒！如果金刚战神一步能走 13 米，那么步行速度就是 23 千米/时左右，这倒也还说得过去……当然啦，一旦走起来，金刚战神迈腿的动作就会利索一些，不过也快不了多少，因为用双脚走路有一个与生俱来的特点。

与双腿相比，轮子有一个很大的优点，那就是一旦开始转，它就可以继续转下去。因此，在自行车出发后，冲力就可以带动它继续向前走，你只需要通过脚踏板给它提供很小的力偶，它就可以保持转动的状态（即便你不继续蹬，自行车也会再走一段距离的）。但走路并不是这样。你一定有过这样的经历，当你从山坡上往下跑的时候，虽然身体感到一股向下的冲力，但你还得使劲让双腿不停地倒腾（如果跑得不够快就一定会摔跤的）。然而，由于发动机只能提供有限的力偶，所以金刚战神根本不可能在一秒钟之内走完一步。照这样计算，他最快的速度顶多是 47 千米/时。真是白白浪费了他的大长腿。而即便按这个速度，他每走一步都冒着骨折的风险，所以千万不能再快了！

　　以这个步伐，在脚落地时，他的脚与地面之间的作用力会更大，这个时候的压强几乎要达到钢材的极限了。所以，要想让金刚战神跑起来，我们就得想办法减弱冲击力。怎么做呢？我们可以跟动画片学：在他的小腿上装一个火箭喷管。这个方法真不错！每当脚要踩到地上时，喷管就提供一个反方向的力，这样与地面之间的作用力就变小了。不过就算这样，金刚战神只需要跳起 10 米高（相当于人类跳过小板凳的高度），他的腿就肯定保不住了。因此，他只要跑一下，腿就折了，然后小腿的小火箭就会喷出来，足够摧毁一片村庄！另外，由于向火箭发动机运送燃料的涡轮泵要耗电 14 兆瓦，再加上发动机本身需要 36 兆瓦，剩下的电连驾驶室里的收音机都供不上！用来保持平衡的内置计算机就更不用想了！

　　哎呀我忘了！装甲外壳、核反应堆、火箭以及整个发动机加起来就已经达到了 280 吨，所以再也不能加别的东西了。这样一来，金刚战神不过就是个空心大钢人，根本不可能携带武器装备，一座城市逢年过节才能达到的耗电量对他来说只够走路用，而要跑起来，那就得燃烧成吨的火箭燃料，不过就算跑着，他连个自行车骑手也追不上，一不小心还有可能摔倒在地摊成一团。总之，他要是上了战场，大概就和高级捣蒜器一样，派不上什么用场。

都怪他太大了！所以好消息是，永远不会有人按照大型机器人的样子制造出战争武器（电影《环太平洋》中的机甲猎人当然也不可能成为现实，他的身高是金刚战神的3倍，体重是金刚战神的25倍）。就算造了他，也只能坐在驾驶舱里看看风景，不过你还别说，这样观光一定超酷！

假如坐着电梯去太空

一个多世纪以来，工程师们一直怀揣着这个梦想，但至今没人知道这个梦想究竟能不能成真。

这个想法本质上是非常简单的。想象一下，在地球的赤道上固定着一根长长的缆绳，缆绳的另一端系着一颗超大的小行星。随着地球的自转，小行星也会跟着一起转，就像弹弓上的小石子一样。要是有这么一根缆绳直直地伸向天空，我们只需要顺着缆绳向上爬就能到太空去了，多棒呀，是不是？事实上，好处可不止这一点。就拿国际空间站来说吧，向空间站轨道每运送1千克的物品，就需要消耗40千克威力超级强大的爆炸物，人类用了16年时间才把压力舱、太阳能板、科学仪器、救生设备一点点地运过去，建成了今天约400吨的空间站。要是用太空电梯，完成这些工作差不多只需要三个月，而且成本也会缩减到原来的百分之一。那样的话，我们只需要让大一点的缆车沿着缆绳以货运

让我们踏上 117 小时的旅途……

火车的速度运行就可以了（约 200 千米/时）！没错，要是能建成这样的设备，征服太空就真的不是梦了。

这将是一趟怎样的旅行呢？上车，关门，系安全带。准备好了吗？嗞——出发！此时的你飞快上升，比飞机起飞时爬升的速度还要快两倍，地面上的高楼大厦迅速变小，不到 3 分钟，你就已经来到云层之上了。15 分钟后，天边开始泛起蓝色的荧光——说明你正在离开平流层——而且地平线变成了明显的曲线。毋庸置疑，地球的确是圆的，你现在已经来到了太空！一个半小时后，你就会经过国际空间站所在的轨道（350 千米），而要想去往哈勃望远镜所在的轨道（600 千米），只需要不到 3 小时……可奇怪的是，你从头到尾都没有失重的感觉。

如果仔细思考一下，这是很正常的。地球引力的作用范围非常大（至少可以影响到月球那么远的地方，否则月球才不会乖乖地围着地球转，而是会跑到更远的地方去）。事实上，即便距离地面600千米，你的体重也只会减为原来的85%。可是电视上的宇航员到了这一高度明明就是飘在太空舱里的呀！没错，他们的确是失重状态，但处于这种状态并不是因为他们离地球太远了，而是因为他们在下降！让我们再说一次，失重其实只是自由落体的一个别名而已。

如果你不相信，你可以让缆车停下来，试着跳一下，看能不能飘起来一直飘到哈勃望远镜上去。在地面上方600千米处，缆绳带着你与地球一起自转，也就是在地面上方600千米的轨道上每24小时旋转一周，这没错吧？你可以自己动手算一算，这就意味着你在水平方向的速度是507米/秒。如果你跳起来，那么在接下来的一秒，你会下降4米，而你在水平方向上只往前走507米，以这个速度走下去，你最终一定会落地！没错，你确实是自由落体状态——也就是失重状态——从某种程度上讲，我们可以认为你在绕着地心的轨道上运行。可惜的是，这个轨道存在一个非常严重的问题，那就是它太扁了，以致在某一时刻，还没等转完一圈，这个轨道就与地面交汇在一起了。简言之，如果在这个高度脱离缆车，你就一定会重重地摔在地上——啪！——因为你的水平速度不够大。

你自己可能也发现这个问题了：宇航员们正在维修哈勃望远镜，他们刚刚从你的身边飞过，速度是你的15倍！他们和你一样也在下降（所以看起来他们相互之间是保持静止的，就像在飘着一样），但当他们在竖直方向下降4米时，在水平方向会行进

7500米，因此他们的轨道就比你的轨道更圆，所以也就不会碰到地面了。尽管吃了点苦头，不过你现在一定懂得了在太空中运行所要面临的一个大问题。路途遥远只是一方面，关键是停留在太空中不掉下来是非常不容易的。这就需要具有非常大的水平速度。

因此，我们的"太空电梯"在到达23400千米之前是绝对不会停车的（略高于GPS定位系统）。如果在这个高度释放一个物体，缆绳带给它的水平速度（7796千米/时）就足够它贴着地球在大气层上方稳定运行了。用小火箭把速度减下来一些，它就能来到一个圆形轨道上，这个轨道距地面几百千米，人类大部分的太空活动都聚集在此。唯一的小问题就是要升到这个高度，我们至少得在缆车里飞五天！你可能会说，联盟号运载火箭到达这个轨道只需要9分钟，相比之下，五天实在太长了。的确，用这种方法运送航天员确实是太慢了些，不过要是运送物资这就不是什么问题了，因为每个缆车的载重量可以达到一枚火箭的两倍，而且缆车的运行费用很低，我们每天都可以派出很多辆缆车。最后算下来，缆车的效率可比现在的火箭强多了。不过话说回来，如果真要运人，这么长的旅途是很危险的……

在地球的外面，有一层像游泳圈一样的范艾伦辐射带，这里充斥着很多微粒（电子、质子以及其他破碎的原子核），它们都是被地球的磁场吸引过来的。如果乘坐"太空电梯"，你就要从这片区域穿过去，而这里的辐射与切尔诺贝利核电站发生大爆炸之后的那一瞬间差不多。在这样的环境中待上几天，等缆车到站人也就被烤熟了！那么只有一个办法了，那就是把一大桶又一大桶要送上空间站的水堆在你和所有乘客周围（这些水应该就能吸收所有致命的辐射了）。不过这可不太舒服，尤其是这趟旅行几乎要一个星期的时间呢！

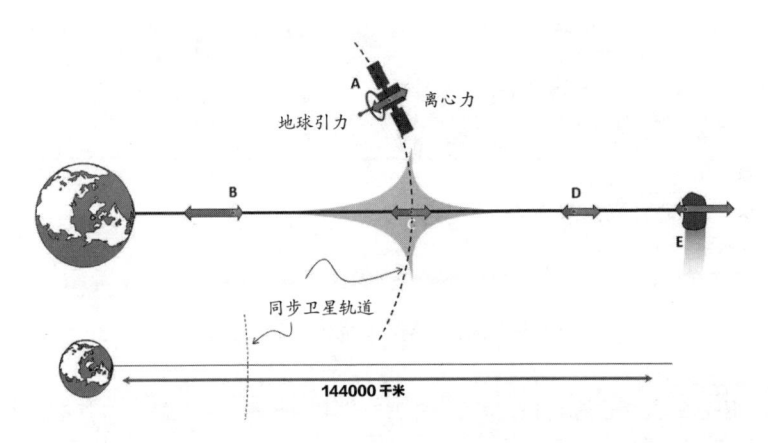

"太空电梯"的缆绳一端固定在赤道上，另一端系在一个配重块上（比如小行星E），这个配重块必须位于同步卫星轨道之外。在同步卫星轨道上的物体每24小时运行一周、离心力与地球引力大小相等（A）。

从赤道到同步卫星轨道这段距离上的缆绳受到向下的拉力，因为重力大于离心力（B）。离地面越远的缆绳应当越密实，这样才能不被低处的缆绳拉断。因此在到达同步卫星轨道（C）之前，缆绳的直径需要极速增加。随后，缆绳的直径开始变小（D）。就目前的情况来看，人类拥有的所有材料都太重了，而且也不够结实，仅缆绳的最大直径（几千米甚至几百千米）这个问题就足以让我们的计划泡汤。

其实不需要依靠配重块，144000千米缆绳的自重就能提供足够的离心力将缆绳拉直。

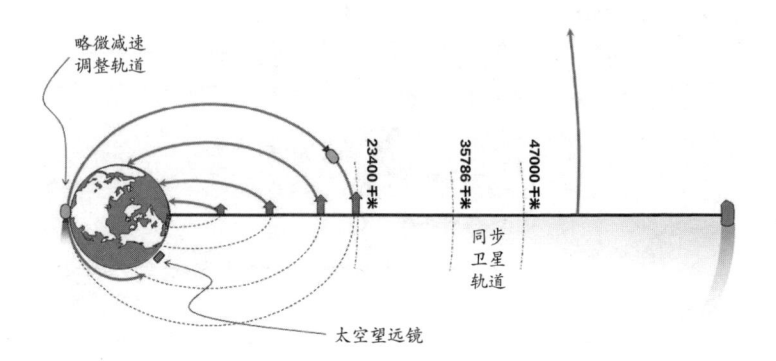

图中标注：
- 略微减速调整轨道
- 23400千米
- 35786千米
- 47000千米
- 同步卫星轨道
- 太空望远镜

在到达 23400 千米的高度之前——乘坐缆车沿缆绳以 200 千米/时的速度走五天左右才能走这么远——你的水平速度都不够脱离地球、进入太空，因为在这之前的轨道都太扁了，它们的一端直接与地球的地面相交，换句话说，你会摔到地上的！

在 23400—47000 千米的高度，这里一切顺利。如果你在这个高度从缆车上跳下来，你就会一直在地球的大气层之外运行。如果你什么都不做，你就会回到下车的位置（虚线）。你也可以利用制动火箭来调整轨道，这样你的轨道就能更圆，你就可以在自己选择的高度上绕地球运行了。在 35786 千米的高度（旅行七天半），你就会来到同步卫星的轨道，在这个位置什么都不用做就能永远待在高度不变的圆形轨道上，在这下车，你和缆绳之间永远不会发生位置变化。

高度超过 47000 千米（旅行十天），你的速度就已经能够摆脱地球引力了，不费吹灰之力就可以去往月球甚至是火星！

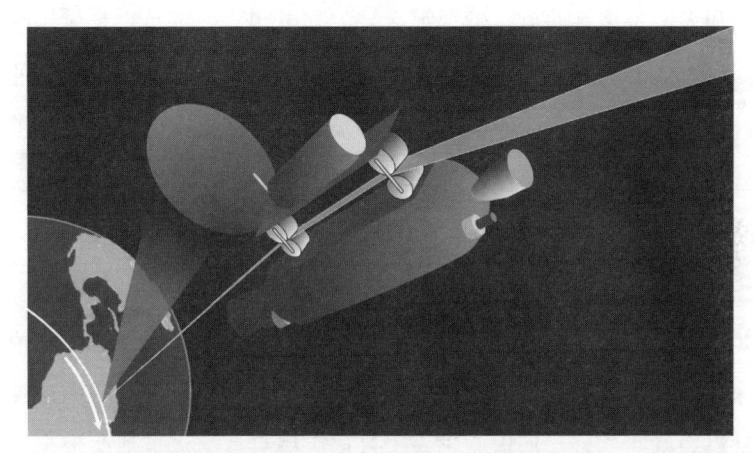

"太空电梯"的缆车大概会是什么样子呢？从地球可以发射一道强度很高的激光（或微波束）为缆车的电机提供能量（如果用电池供电那就太重了）。工程师们目前的想法是把缆绳设计成带状，因为带状更结实，被微陨星撞断的可能性也更小一些。这样的缆绳将被夹在圆柱形的滑块之间，滑块沿缆绳滑动，带动缆车向上运动。

运输货物的货柜需要配有火箭喷管，以便被释放之后调整轨道时使用。如果搭载的是乘客，就需要防止乘客受到太空的辐射，所以绝对不能安装舷窗！乘客只能通过摄像机观察外面的情况。

另外，缆车在运行过程中会使缆绳发生轻微的形变。缆绳牵引着缆车向东偏，因此缆车会给缆绳向西的反作用力。在地球上，高速铁路列车运行时对它上方的电缆就会施加这样的作用力，因此电缆就会颤动，有的时候甚至会断掉！

所以，缆绳所用的材料不仅得非常轻便、结实以免被自重压断（别忘了缆绳是竖立着的），而且还得非常柔软、有韧性，这样才能耐得住缆车带来的颤动。

不管那么多了，假如我们找到了愿意试一试的志愿者，假如我们能够保证缆绳在随地球旋转的过程中不会像粘蝇纸一样把卫星和太空垃圾都收到一起，那么"太空电梯"一定是未来最棒的交通方式。啊！我忘了……还得发明出一种非常轻又非常结实的材料来做缆绳才行，不然几万千米长的缆绳竖立在地上肯定会被自重压断的。考虑到各方面因素，这种材料得像聚苯乙烯一样轻，同时还和钢材一样结实。也就是说，这可不是一两天就能实现的！尽管如此，这种还没发明出来的材料倒是有一个大优点。理论上，如果这根缆绳在某个地方断开了，那么剩下的部分就会盘绕在地球上，就像印第安那·琼斯的长鞭绕在树上一样……但所幸这种材料像纸一样轻，所以它进入大气层大概只会给赤道地区带来一阵纸屑雨，没什么大不了的后果！

假如朝着伯利恒之星一直走

传说东方三博士靠这个方法找到了耶稣出生的地方，不过在现实生活中，千万别这么做。

向北极前进！

中世纪有这样一个传说：贾斯珀、梅尔基奥尔、巴尔萨泽都是各自国家的国王,他们也是占星术士,被称为"东方三博士"。他们在天上发现了一颗新星,就朝着新星的方向走啊走,最终来到了耶稣出生的地方——伯利恒,于是他们为耶稣送上了朝拜的礼物。假设这个故事是有事实根据的,那么我们能不能再现他们的旅途呢?当然能,而且这还是一趟不简单的旅行。

根据这个传说,三位占星术士都来自"东方",而当时东方学者和占星师云集的地方应该就是巴比伦地区。因此我们可以假设,东方三博士就是从巴比伦出发的。他们看到了什么呢?一般情况下,古代文字中凡是提到"新"星,我们就认为是指新的恒星被他们发现了。由于传说中说这颗伯利恒之星[1]"超级"亮,那么与此最相像的天文现象应该就是超新星[2]了。超新星是非常罕见的剧烈爆炸现象,恒星在爆炸的这几天会比整个银河系都要亮。这样的话,这颗星星就有可能被地球上的人发现,尤其是几百年来一直坚持夜观天象,而且会记下所有异常情况的中国人。巧了!几乎就在这一时期,中国确实有相关的记载,在中国的史料中,这种星星被称为"客星",出现在公元前4年。显然,这个时间并不是公元前1年12月,但是既然历史学家也无法考证出这个故事的确切时间,那么中国记录的这颗超新星就是伯利恒之星的最佳"人选"了。这颗星位于天鹰座,离牛郎星不远。怎么才能朝着它

---

[1] 伯利恒之星(Etoile du berger)直译为"指路星",在法语中有时也指金星,在意大利语和英语中指御夫座最亮的恒星五车二,这可能是因为世界各地的人们都习惯把天上很耀眼的星星当作指引着"东方三博士"找到耶稣的那颗明星吧。
[2] 当巨大的恒星(至少是太阳的8倍大)燃烧殆尽的时候,它会因自重而崩塌,然后发生爆炸,在几小时的时间内释放出的光比太阳形成110亿年以来发出的光还要多。

一直走呢？

如果查阅古老的天文软件，我们就会发现在公元前4年12月底的时候，在巴比伦地区有一颗"客星"在日出之前的几分钟会出现在地平线上，而古代的天文学家对这个时候出现的星体尤为重视（别问我为什么），他们将这种现象称为"偕日升"（因为几乎和太阳一同升起）。在埃及，天狼星出现"偕日升"现象时，尼罗河就会涨水灌溉良田。而对于新西兰的毛利武士来说，当昴宿星团出现"偕日升"的现象时，新的一年就来临了。所以"东方三博士"看到新星"偕日升"，也决定朝着新星的方向走一走，这个方向就是正东偏左7度左右。

地理爱好者读到这儿可能就要皱眉头了，因为这个方向和耶稣出生的地方几乎正好是反方向。不过没关系，正常情况下，只要一直走，他们就会绕地球走一圈，这样的话回到原点之前肯定会经过伯利恒的。虽然绕了个大弯路，但是并不影响结果，不是吗？再说，这趟旅行还有好多惊喜在等着他们呢。

首先，他们要走的这条路会穿过层峦叠嶂的喜马拉雅山脉，之后恰好会经过当时汉朝的首都——古都长安。也就是说，记录下这颗新星的中国人就住在这里！这倒是不错。不过，如果骑着骆驼，按每天走60千米计算，走到长安就需要三个多月的时间，而超新星亮度很强的时间只有几周而已。所以我们只能假设"东方三博士"在刚出发的时候就测好了行进的角度，就算后来看不到超新星了，也一直按照这个角度继续前进。那么正东方向再向左偏7度也就是正北方向再向右偏83度，而正北方向可以通过北极星来定位。

离开长安,"东方三博士"来到了太平洋海岸,带着骆驼上了船——先别管骆驼怎么就愿意了——驶向美洲大陆。之后,他们会觉得越来越冷,历经数年,在行走了52000千米之后,他们会发现无路可走了。为什么呢?因为在此之前一直给他们指路的北极星现在就在他们头顶的正上方。大无畏的"东方三博士"被困在北极了!不过在这个过程中,他们有了两个很重要的发现。(见彩页图"'一直向前走'会走到北极的!")

要知道,在球形的地球上,如果保持固定的角度一直向前走,这条路线虽然在平面图上表现为一条直线,在球面上它其实并不是笔直的,而是螺旋形的,最终也并不会回到起点,这种路线在几何中称为"斜驶线",在航海中称为"等角航线"。除了向正东或正西方向行驶之外,所有保持固定角度的路线最终都会指向极点,无一例外。因此,"东方三博士"首先会发现地球是圆的。其次,他们会邂逅住在北极的圣诞老人。他们在一起没准会想出给孩子们送礼物的好主意,圣诞节就此诞生……停停停!别编了!好吧,确实有点离谱,他们不会这样做的。

"东方三博士"有没有可能一直跟着天上的伯利恒之星走,而没有沿着固定的角度前进呢?晚上的时候是不可能的,我们刚刚说过,伯利恒之星和太阳一同升起,所以晚上它在地平线之下,不会被看到。而白天是有这种可能的,前提是这颗星星特别亮,人们在白天也看得到它(这种情况很少见,不过也有可能)。

可是就算这样,"东方三博士"最后大概也不会像传说中那样

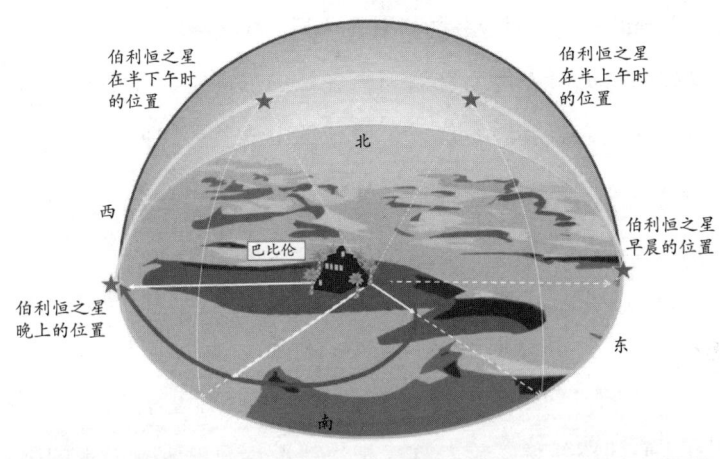

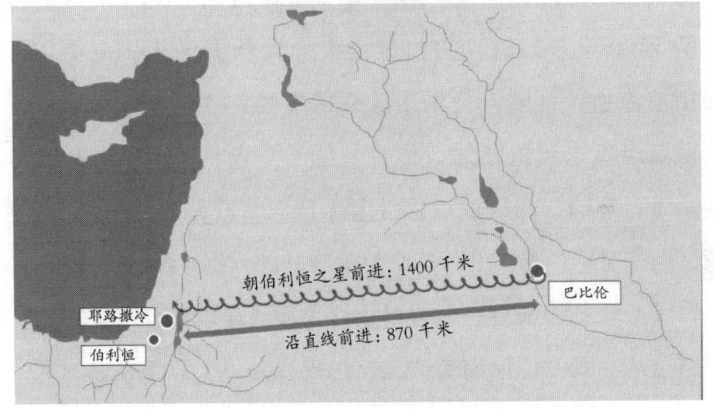

假如朝着伯利恒之星一直走　163

星星的位置变个不停，朝着它走很累人！随着伯利恒之星在天空中划过，它的方向也在不停地改变（上图中的虚线箭头）。一天下来，跟着它走出的路线就会非常奇怪：天刚亮的时候，"东方三博士"要向东走，与目的地背道而驰；傍晚的时候，"东方三博士"已经走了 60 千米的弧线，相对于出发点来说实际上却向西行进了 38 千米，这个方向差不多就是去往伯利恒的方向。每天都是如此。最终的结果就是，三个人在沙漠里打转，本来 14 天就能走完的路他们要走 23 天，把 870 千米走成了 1400 千米，而且最后也只是走到了伯利恒的附近而已！

怀着激动的心情感谢上苍的指引。这是为什么呢？

如果每天白天都朝着伯利恒之星的方向走，那么早上日出的时候，他们就要向东出发，中午的时候就要向南，到了晚上星星落山的时候又要向西，这才终于朝向了伯利恒的方向。于是，一天的路线就是一个大弧线。就这样绕啊绕，他们最后终于走到了。不过，老实说，其实他们并没有走到伯利恒，但是也不远了，大概会走到耶路撒冷再往北一点的地方。在那里，"东方三博士"很可能是因为"醉驾"而被当地官员拦下来的，因为他们的路线像螺旋一样，把直线距离只有870千米的路走成了1400千米，而且在烈日炎炎的大沙漠里连续走了23天，谁相信神志正常的人会做出这样的事呢？"长官，我发誓我们是跟着星星来到这儿的，你看，就是那颗！"这个解释听起来更是不可理喻。所以说，这件事无论怎么看都明显不合理。

啊，对了！事实上，这个故事唯一的依据（虽然也并不确切）来自《圣经》。《圣经》上写得很简单，只是说几个占星术士前往耶路撒冷，既没说他们是国王，也没说是三个。怎么去的呢？一路问过去的。要我说，问路这个想法可真是棒极了！

假如碳元素不是生命的基本元素

在地球上，碳元素是构成生命的基本元素，但科幻小说和科学家经常会设想出其他的生命形式。假如生命并不是建立在碳元素的基础之上，那么世界会变成什么样子呢？

看过《星际迷航》的人可能还记得，在第一季第26集，企业号星舰碰到了一种外星生物——霍塔人，这种生物的新陈代谢完全是以硅元素为基础的，在我们的生活中，硅是构成石头的基本元素（因此在剧中，麦考伊医生在为霍塔人治病时说了这样一句话："我是大夫，不是泥瓦匠！"）。系列电影《异形》也塑造了一种可怕的生物，它的皮肤非常坚硬，你猜是哪种元素构成的？依然是硅！为什么这么多作家都在硅元素上做文章呢？很简单，因为自然界的每种原子都能够和其他的原子形成一定数量的化学键，而硅元素（Si）在这一点上与碳元素非常相似：它们都会形成四个

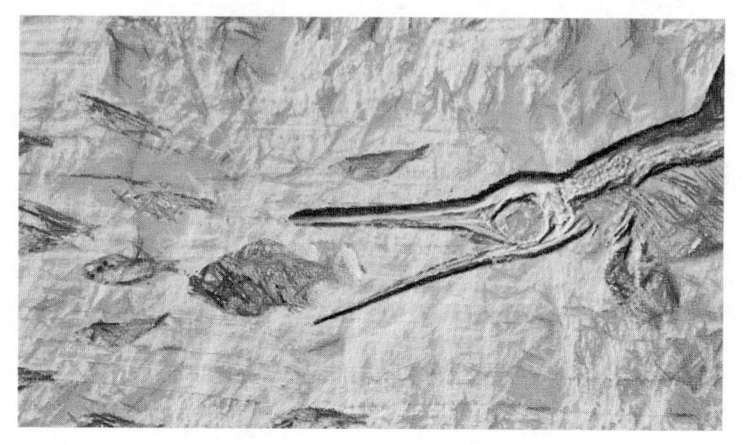

这是个"死即是生，生即是死"的世界，所有的化石其实都还活着！

化学键，一个不多，一个不少。假如生命不以碳元素为基础，那么取而代之的就很有可能是硅。于是我们要思考的问题就变成了"硅元素究竟能不能成为生命的基础"。

你一定会说，首先，这件事太荒唐了；其次，要想知道结果也很容易。我们可以抓一只青蛙，挥一下魔法棒，把它身上的所有碳元素都换成硅元素，这样不就行了？才没那么简单！要是这么做，我们得到的就是一只死青蛙，说得再准确一点，是一只青蛙的化石。其实，史前动物的尸体之所以会变为化石，恰恰是因为硅的化学键和碳的化学键同属一类。所以，还是把魔法棒放下用脑子想想吧。

咱们先从化学的角度认识一下碳元素。碳的化学反应好比是一场对抗赛：一边是想要霸占四个化学键的氧元素，另一边是想要阻止这一过程的氢元素（氮、磷还有碳元素本身也在这一阵营）。

当这些物质相互接触时，一场混战就开始了，碳原子重新排列、分离或是与其他元素进行组合，这个过程会释放不少的能量，最终形成多种复杂的分子，但是，在每一场混战中，能够笑到最后的都是氧气，它把碳元素彻底氧化，生成二氧化碳（每个氧原子抢到碳原子的两个化学键）。这时的碳原子"筋疲力尽"、毫无还击之力，再也释放不出一丁点儿能量了。

这和生物体有什么关系呢？你可能已经猜到了，在生物体中发生的化学反应其实也就是这些：一个个复杂的含碳分子与氧气接触后被分解（唯一的不同之处是这些分子的用途是构成有机体），释放出能量（使生物体能够正常运作），最后变成毫无用处的废气——二氧化碳——随呼吸排出。唯一的创新点在于某些生物能够让这个过程不断循环，比如植物就能够通过光能吸收二氧化碳，将被氧化的碳元素"解救"出来，重新利用。如果没有植物的这个作用，地球上的碳原子早就都被禁锢在二氧化碳中了，金星上就是这样！

那么，硅元素能否也按照这种形式被循环利用呢？理论上是可以的，但实际上会出现一些问题。首先，硅元素被完全氧化、达到"筋疲力尽"的状态（如同二氧化碳中的碳）就会形成二氧化硅，也就是玻璃或者石英！简言之，这也就意味着对于以硅元素为基础的动物来说，如果它和人类的体型差不多，那么每分钟就要咳出（或者通过其他的方式分泌出）1千克多的玻璃碴，这肯定是个很痛苦的过程。同样，硅基植物也会遇到麻烦。在我们的地球上，植物通过叶子吸收阳光，与此同时，叶片上张着无数的气孔等着二氧化碳气体分子慢慢钻进去。因此我们周围的植物绝大多数都是非常"稳重"的。可硅基植物就不能一动不动地等着二氧化硅乖乖进入气孔中了，因为二氧化硅是固体，并不能随意地飘来飘去，要想吸收它就只能靠植物主动出击。这样一来，如果植物需要钻到沙子和岩石中间吸收二氧化硅，很难想象它还如何在同一时间吸收阳光。

为了避免这个问题，一些作家把硅基生物的世界设定在了1600℃以上，此时的二氧化硅就是液态了，动植物可以在玻璃熔浆中进行呼吸作用或者光合作用，就像水草和鱼类在水里生活一样。可是这样也存在问题。硅原子的重量是碳原子的2.3倍，体积是它的1.6倍，和同种元素形成的化学键也就更长。这样一来，由硅元素构成的DNA和蛋白质大分子就会变得极其脆弱。就算是春寒料峭的早晨，这些大分子也会觉得太热了，它们在这个温度下会分解，甚至瞬间烧起来！要知道，地球上硅元素的含量是碳元素的700倍，而生命却都以碳元素为基础，这正是因为硅元素构成的生命是无法在地球上存活的。

不过可能还有另一个办法，只是这个办法非常诡异。它涉及了描述微观粒子运动规律的量子力学。根据量子力学，位于特定位置的粒子可能会在一瞬间移动到另一个地方去，像是被施了魔法一样，这个现象叫作量子隧道效应。我们现在还无法预测在非常长的一段时间内一大堆粒子如何运动，因为这个计算过于复杂，要算的内容也太多。但这也告诉我们，如果在"相当"长的时间内坚持观测一个固体（事实上，需要非常久），我们会发现固体分子同液体分子、气体分子一样，也在运动。一些物理学家认为，既然在温度接近绝对零摄氏度时，物体会变成超导体（即电阻为零）或超流体（完全缺乏黏性），那么在温度很低时，固体玻璃中的分子运动也会变得毫无障碍，这时固体就会像液体一样流动！（见彩页图"碳元素的战役"）

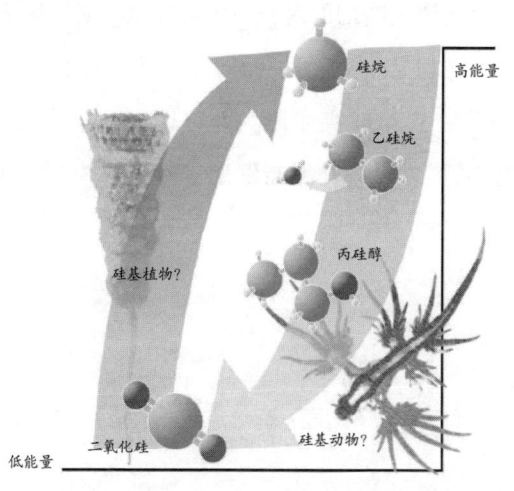

我们可以想象出与碳循环类似的硅循环。但硅循环存在三个问题。第一，硅的化学反应在剧烈程度上大致是碳的 1.5 倍，因为从硅烷到二氧化硅要比从甲烷到二氧化碳释放出更多的能量。第二，硅的复杂分子在稳定程度上比相应的碳分子弱三倍。第三，二氧化硅是固体，比气体的回收难度大得多。

这么说来，100 万亿年后（宇宙现在已经存在了大约 100 亿年），当恒星全部死亡，像地球这样的岩质行星就会变冷，温度极低，地球上的固体物质就会变为量子液体，而地球的核心是铁，它的温度会略高一些。那么，这个铁核会不会像太阳一样照亮周围"岩石的汪洋"呢？在这"岩石的汪洋"中是不是就会诞生硅基生命呢？如果这一切真的发生，那么这种时空对于我们来说将显得无比缓慢，因为在这么低的温度下，所有的化学反应都会变慢，心脏跳动一下可能就需要几百亿年。而对于这些生命来说，几百亿年也只是须臾一瞬。我们之所以还没有发现硅基生命，很可能是因为现在还为时过早！事实上，对于硅基世界的天文学家来说，碳基生命风云变幻的漫长历史可能也只是一闪而过的瞬间，是宇宙大爆炸之初又热又晒的一个小阶段而已吧！

　　纯属胡思乱想？确实如此。不过这也并不是无稽之谈。我们的地球连这种事情都有可能发生，难道你不觉得它实在太神奇了吗？

假如放生一头霸王龙

《侏罗纪公园》里有这样一句话:"总有办法活下来。"假如自然界出现一头霸王龙,你会发现这句话一点不假。

嘭!自然界突然出现了一只鸡一样的巨型动物。呃……真的是巨型:它的身高有 5 米,体重是 6 吨(和大象一样重),尾巴超级长,因此整个身体的长度达到了 13 米。天啊!还有一颗超级大的脑袋!没错,这个动物正是已经在地球上消失了 6600 万年的霸王龙!

在科学术语中,霸王龙的拉丁学名 Tyrannosaurus Rex 意为"残暴的蜥蜴王",因为当年在给这种动物命名时,人们认为恐龙属于大型鬣蜥。后来,科学家们发现,它实际上应当属于鸟类。更确切地说,今天我们所看到的鸟类其实是仅存的恐龙。然而,如果就此将它的名字改为 Tyrannogallinula Regina(凶残的鸡皇后)或是 Spurcocolombus Magnus(邪恶的大鸽子),听起来就完全没了气

猜猜今晚谁回来吃饭……

势。所以霸王龙的拉丁学名就一直沿用了下来，但无论拉丁学名改不改，我们都应该知道，霸王龙与麻雀的亲缘关系要比它与蜥蜴的关系更近。那么霸王龙也有羽毛吗？在幼年的时候，霸王龙的身上当然有一层和小鸡一样的绒毛。成年之后，这层起保暖作用的绒毛就没有用了。不过我们仍然可以假设这层羽毛并未完全退化，而是留下了一部分与老虎或猎豹类似的毛（在视觉上这样很好看，接着往下读，你还会发现它还有别的用处）。我们要把这头霸王龙带到哪里放生呢？

在恐龙生活的那个年代，也就是白垩纪，气候温暖，霸王龙生活的地方随处可见大型草食性动物。所以如果我们让霸王龙回归，那么非洲大草原就是个不错的选择。那我们就来看看接下来会发生什么。霸王龙首先会遇到的动物将是黑斑羚。非洲大草原上的黑斑羚数量众多，每平方千米至少有8只，有人将其戏称为

"草原上的麦当劳"（而且黑斑羚屁股上的图案绝对会让你想起麦当劳的标志，不信你可以去搜搜）。问题是，黑斑羚一下子能跳10米远，跑起来速度差不多能达到80千米/时。这绝对算得上是"快"餐了！只是我们的霸王龙可跑不了这么快。

当然了，霸王龙的狩猎实力不可小觑，它绝对不会吃些尸体就满足了，尽管一些科学家一度这么认为。为什么这么说呢？首先，和大部分其他的恐龙和鸟类不一样，霸王龙的眼睛并不看向两边，而是和我们现在的猛禽一样望向前方，这样它的视觉就是立体的，能够很准确地把握距离。而且它的眼睛比一般的猛禽更大，很可能比鹰的眼睛还要敏锐。其次，从霸王龙大脑的形状可以看出，它的嗅觉和听觉应当是非常发达的。有了这些超能力，它怎么可能只找些尸体给自己吃呢。可是，科学家们近来用电子模型模拟了霸王龙肌肉骨骼的运动机制，他们发现，霸王龙是绝对追不上猎豹的。它跑起来当然比你我更快（就连博尔特也跑不过它），不过也快不了多少：它的平均速度只有30千米/时，短跑时的最快速度可能也就40千米/时。另外，它要想拐个弯也会很费劲，比如说要转45度就得两三秒的时间。如果冲进一群羚羊中间，四处乱窜的羚羊一定会让霸王龙败兴而归！把目标换成斑马或者角马[1]也会是同样的结果。

在大草原上游荡这么一两天，我们的霸王龙也该饿得饥肠辘辘了。但机会来了！接下来它会遇到一群体型硕大的白犀牛。人

---

[1] 角马长得像牛，大小与竞赛马近似。

类已经通过研究恐龙粪便的化石发现,三觭龙是霸王龙猎捕的对象之一,而成年白犀牛的形态和体型恰好与幼年的三觭龙差不多。凭霸王龙的智商(它是大脑灰质最多的恐龙之一),它一定会以为,"来了一群小三觭龙,它们厉害的父母都不在,哈哈,开饭!"不过这一次依然会发生意想不到的事情。白犀牛全速奔跑的速度有时可以达到50千米/时,就算霸王龙有幸抓住一头,它也会累得气喘吁吁。它会惊奇地说,"从来没遇到过跑得这么快的小三觭龙!"事实上,只有水牛和大象的速度比它慢。不过这两种动物都过着群居生活,而且自带防身武器,可不是那么好抓的!

好在霸王龙也不是一无是处。它的嘴是所有动物里最厉害的,每颗牙齿能够产生5吨的压力,一口就能咬下50千克的肉!如果它能按兵不动,等猎物离开大部队的时候再靠过去,然后突然直直地冲过去咬下致命的一口,那就很有可能成功。这其实也是狮子和老虎常用的招式!你可能会说,霸王龙可没那么容易潜伏在草丛里。没错,但是在黎明和黄昏的时候,如果它的身上有些斑点或条纹,那么在树丛里就很容易伪装,它也就有希望得手了(前面说过的羽毛就用在这里)。

更妙的是,如果对手是大型动物(比如大象),霸王龙甚至没必要把对手置于死地。恐龙每秒钟消耗的热量比我们现在的哺乳动物少一些,因此同等体重所需要的食物就少一些。尽管霸王龙需要的能量高于平均水平(因为它要主动出击捕食猎物),它需要的能量也不会超过同等体重的大象,也就是每天50000大卡左右。而50千克的肉就足够提供这么多热量了(也就是只需要咬一口)!

所以霸王龙的"人生信条"就是"冲上去、咬一口、赶紧跑，一口就够一整天！"所以在大草原上，鬣狗和秃鹫一定要注意霸王龙的行迹，然后跟它保持安全距离，因为这个家伙简直就是个行走的鲜肉贩子，它的所到之处必定会留下毫无还击之力的重伤员。

只是还有一个问题。正如我们刚才所说，恐龙，尤其是大型食草类恐龙，比现在的哺乳动物消耗的能量要少。这样一来，白垩纪时期热带大草原上每平方千米的植被足够养活大约 80 吨的动物，而如今，因为哺乳动物需要更多能量，所以每平方千米只生活着 20 吨动物。也就是说，和白垩纪相比，现在大草原上的猎物不仅体型变小了、奔跑速度变快了，而且数量也减为当时的 1/4！结果就是：霸王龙很饿，霸王龙不开心……

这也没什么好奇怪的。白垩纪时期的霸王龙身手矫捷、威震一方，非常适应当时的环境，但这种环境如今已经不复存在了。那它就死路一条了吗？倒也不至于！在地球上，有一个地方特别适合它（尤其是如果它身上还有一些羽毛能够保暖的话）。这个地方就是法国诺曼底的博卡日地区，在白垩纪时期，这个地方还不存在。在这里，瑟堡和阿朗松之间有一片草木繁茂的大平原，树篱又高又厚，下面是小溪和盖满树荫的小路。两个人来这骑着自行车会非常浪漫，对于霸王龙来说，此处也是一个不错的狩猎场。如果能忍着不出声，它可以选个地方静静地趴着，谁都看不到它，等到有牛走进它的狩猎范围，它就可以越过树篱猛扑过去！这片平原每平方千米有 35 头牛，而且诺曼底地区一头 500 千克的牛跑起来最快也只有 25 千米/时，非常容易抓到，霸王龙在这每天

恐龙属于鸟类，因此就算不能说大部分，但至少也可以说不少肉食性恐龙是长着羽毛的。恐龙的羽毛是有一定厚度的绒毛，其主要作用和哺乳动物的毛一样，都是保暖。身体的热量是与身体的体积成正比的，而散失到环境中的热量是与身体的表面积成正比的。就拿球体来说，如果我们把它的半径分别扩大为原来的 2 倍和 3 倍，它的体积就会变为原来的 8 倍（2^3）和 27 倍（3^3），表面积就会变为原来的 4 倍（2^2）和 9 倍（3^2）。这样，它的表面积与体积的比就会从 1 变为 1/2 再变为 1/3。我们能够得到的结论就是，如果一个物体变大 3 倍，其热量散失的速度反而会变慢，是原来的 1/3！

这就是为什么小型哺乳动物都毛茸茸的，而像大象那样的大型动物反而几乎没什么毛。这也可以解释为什么在我们发现的恐龙中，长有羽毛的都相对较小，而在大型恐龙的皮肤上我们只发现了一些鳞片。这样看来，霸王龙到成年时应该就会褪去羽毛。然而也有特殊的情况：中国发现了霸王龙的近亲，体长 9 米，重 2 吨，它的全身都覆盖着羽毛。

霸王龙有多大？为了让你有个大致概念，我们拿日常生活中的几种生物和它来做个对比。就算给它加上幼年鸵鸟的羽毛，霸王龙看起来依然很可怕！

都可以吃到撑！假如有养殖户生气了朝霸王龙开上一枪，结果也不过是把霸王龙激怒而已。总之，这里简直是它的天堂。是不是没想到？人们常说生物通过不断进化得以更好地适应它所在的环境。但我们这个荒诞的故事却说明，有的时候反倒是环境可以适应生物，当环境改变时，或许某种生物会发现自己突然间如鱼得水了呢！

假如虫子都消失

"太好啦!"你可能会这么说。没了虫子,生活该多么美好啊!可是,别高兴得太早……

假如有一天地球上的虫子突然都不见了,就再也不会有虱子、跳蚤,也不会有蟑螂了!当然,一些比较受人类欢迎的虫子也会一去不复返,比如蝴蝶(蛾子当然不算)和蜜蜂,这多少叫人有些惋惜,不过与此同时,讨厌的蚊子也会消失,要知道,蚊子可是世界上的头号杀手,由它们传播的疾病每年会导致一百多万人失去生命。怎么办?要不要救救它们呢?别急着做决定,我们先好好想一想。

人类现在已经知道的昆虫有将近100万种,占所有已知动物的4/5。仅鞘翅目昆虫就占了地球现存生物的1/3(造物主显然对这个家族情有独钟,没人知道为什么)。所以,如果昆虫全部消失,那么对于生物多样性来说将是重大的损失,造成的后果难以

全消失了？是的，一个不剩！

估量！虽说这些后果我们无法一一列出，但有几件事倒是一定会发生的。

首先，有花植物会遭殃，因为把"花爸爸"的花粉运送到"花妈妈"的雌蕊上通常都由小动物们来完成，而昆虫正是这项工作的主力军。这种繁殖方式——我们称为"传粉"——非常高效，以至于在地球上唯我独尊了4亿年的无花植物（如蕨类、松柏目植物等）在恐龙时期彻底败下阵来，有花植物与小昆虫们相互"勾结"，夺得了天下。蜜蜂、黄蜂、熊蜂身上的细毛非常适合传递花粉，蝴蝶和金龟子也帮了忙，要是它们从世界上消失了，史前的无花植物一定会卷土重来，一雪前耻……

你觉得这跟你没什么关系？那你就错了。要想知道这个问题有多么严重，我们可以去加利福尼亚的果园看一看。北美洲90%的水果、蔬菜以及世界上80%的杏仁都来自这片土地。这里的蜜蜂数量太少，已经不能完成所有的授粉工作了，而且受到农药的影响,和世界上很多地区一样,当地的蜜蜂大批死亡,数量逐年下降。因此,加利福尼亚的农民不得不斥巨资把美国其他地区的大部分蜜蜂一卡车一卡车地运过来,甚至连加拿大的一些蜜蜂也被"移民"了!每年春天都有150多万个蜂箱被运走。这么大的需求量导致其他地区的农民都发现……蜜蜂不够用!

要是没了昆虫,我们就得和大部分水果告别了,比如苹果、柠檬、猕猴桃,同样告别的还有洋葱、腰果、芹菜、草莓、大部分甘蓝类的植物(花椰菜、芥菜、西蓝花等)、番茄等大部分茄科植物(也就是甜椒、辣椒)、咖啡、甜瓜、黄瓜等葫芦科植物、鳄梨、向日葵以及其他制作食用油的植物还有用来制糖的甜菜……当然,尽管这些植物的生长繁殖会变得非常困难,但它们并不会在短时间内就全部灭绝。同时,小麦、大米、玉米都是靠风来传播花粉的,它们都可以活下来,所以我们的主食都还在。但是科学家认为,如果没有昆虫,1/3的食物会从货架上消失!大部分人还可能会衣不蔽体,因为棉花的产量会大大降低,能织出的布也就大大减少了,要知道,如今一半以上的布料都是用棉线织成的。

这还没完。豆科植物(蚕豆、豆角)的繁殖同样离不开昆虫的传粉。这类植物与一些细菌共生,因而能够吸收空气中的氮气,等到植物死去的时候,它们就能为土壤提供养料,使土壤更加肥沃。在农业生产中,施肥的工作通常是由农民来完成的,他们把复合肥或化学肥料撒在田里,为土壤补充氮肥,所以即便昆虫消失了,农田里的氮肥还是有保障的。但在荒野中,如果没有了昆虫，豆科植物就没法结果，土壤中的氮含量也就会受到很大影响。更糟糕的是，蟋蟀、蚂蚁、白蚁原本都生活在土壤浅层，它们挖洞筑巢，使土壤更加疏松、含氧量更高。而要是没了昆虫，沙漠很可能就会肆意扩张，地球很大面积的沃土都将变为沙地！

到了这个地步，让昆虫绝迹的美梦显然已经成为噩梦。但这只不过是冰山一角，真正可怕的还在后面。

澳大利亚人对接下来的这个问题有着切肤之痛。澳大利亚的屎壳郎和苍蝇已经适应了袋鼠、考拉和当地其他有袋目哺乳动物干燥坚硬的粪便，对于澳洲大陆上后来出现的动物，尤其是牛（19世纪80年代引进）的粪便，它们则不太感兴趣。这就导致那里的牛粪需要经过好多年才能被分解，而且越堆越多，每年因为牛粪而损失的农田就有2000平方千米，相当于一个东京城，或者275000个足球场那么大！怎么办呢？澳大利亚人从法国进口了一种新的屎壳郎，这种屎壳郎的名字在希腊语中的意思就是"食牛粪者"。如果说一个国家没有合适的昆虫，我们可以从别的国家引入，那么要是全世界都没有了昆虫，你能想象会发生什么吗？粪便只是其中的一个问题。去年，昆虫学家埃尔莎·杨史达特（Elsa Youngsteadt）的一项研究发现，仅仅草地铺道蚁这一种蚂蚁就能清除纽约街道上人们随手丢下的大量垃圾，相当于每年可以处理6万个热狗、20万个小蛋糕以及60万片薯片！要是没有这些蚂蚁的辛勤劳动，这座大城市早就老鼠成群了。

事实上，令人恶心的蟑螂、绿头苍蝇以及所有其他以腐食残渣为食的动物在自然界中都具有至关重要的作用。细菌能够将垃

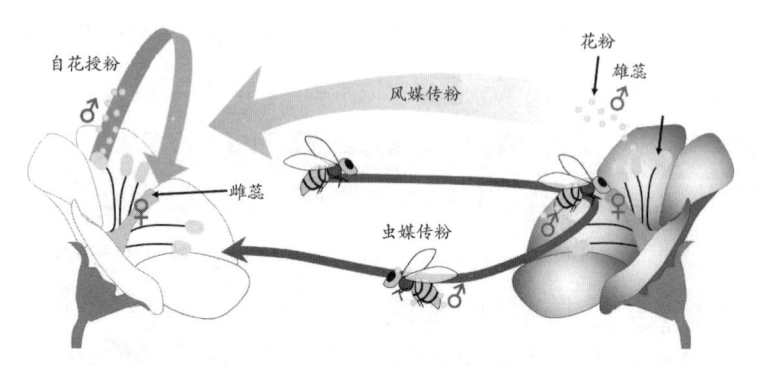

要是一辈子都待在一个地方一动不动，生儿育女就成了大难题，因为连结识另一半的机会都没有！对于大部分有花植物来说，要想繁殖后代，就得让雄蕊上的花粉接触到雌蕊里的卵子。完成这个任务主要有三种方法。

一是很多植物都能够自花授粉：一株植物开花后产生的花粉落到同一株植物的雌蕊上。这样，植物就可以复制无数个自己。

二是有的时候，风会把一株植物（父）的花粉吹到另一株植物（母）的花上，帮着植物进行基因交流。当然，这些花粉不仅要恰好落在花上，而且还得是同一种植物的花！

三是通过花的香气、颜色或者分泌昆虫喜欢的花蜜来吸引昆虫帮助它们传粉，这种方法通常是更可靠的做法，因为蜜蜂一定会从一朵花飞向另一朵花，也就基本可以确保花粉一定会落到花上！

圾回收并转化为其他生物能够利用的物质，但无论是大型动物的粪便，还是剩饭、尸体，细菌都不能直接将其分解转化，因为这些东西都太大了！昆虫的作用就是将它们嚼碎、进行初步的消化，然后以粪便的形式排出，这种粪便才能被微生物所消化。要是没有昆虫，这个过程就要花几年甚至几十年的时间。如果昆虫消失了，也许只有蛆和真菌能够接过接力棒，而仅凭它们的力量，世界早晚会变成巨大的露天垃圾场！再加上随之被饿死的动物、鱼、青蛙、蜘蛛、蜥蜴还有小型哺乳动物，用不了几个星期地球上就尸横遍野了!

  结论是什么呢?虽然不知道是不是真的,据说美国生物学家乔纳斯·索尔克[1](Jonas Salk)说过这样一句话:"如果昆虫从地球上消失,那么50年后生命将不复存在。如果人类从地球上消失,那么50年后世界万物将更加繁荣。"这个说法很可能是错的。假如昆虫消失了,生命并不会全部消失,尽管人类很可能在劫难逃,但蕨类植物、老鼠、真菌都会开开心心地活着的!

---

[1] 脊髓灰质炎疫苗的发明者。

假如我们可以看到更多颜色

这篇文章会告诉你,色盲才是正常人,而且如果你是女性,那么你看到的颜色可能比大部分人要丰富100倍……

好美的鸟!今天早晨,一只色彩斑斓的小鸟站在你的窗边。然后你发现,除了羽毛格外绚丽之外,这只鸟和每天都来拜访你的小乌鸦一模一样。可是乌鸦的全身不都是黑的吗?怎么回事?你转过头看了看客厅墙上的油画,长方形的画框一直都很不起眼,今天却格外引人注目。画框的红色/米色与墙纸的淡紫色/橙色突然形成了强烈的对比。等等!这都是些什么颜色?你定睛一看,发现沙发上、墙壁上的小污渍变得格外明显,仿佛蓝精灵在你家里玩了一局真人CS,周围的绿色和紫色泛着金褐色光芒,蓝色和粉色鲜艳极了。天啊!这是喝多了吧……

让我们一起来想一想。物体将光反射到我们的眼中,我们看

能够感知的颜色越多，注意到的细节就会越全。

到的颜色既是这束光的真实物理特性，也是我们的大脑产生的一种幻象。大脑灰质通过视网膜上的视锥细胞收集的信息来识别色彩。大部分人都有三种视锥细胞：对红光特别敏感的红色视锥细胞、对绿光特别敏感的绿色视锥细胞以及对蓝光特别敏感的蓝色视锥细胞。大体来讲，这三种细胞能够知道射到眼睛里的光有多红、有多绿、有多蓝。我们可以把这三种颜色作为坐标轴，用三维坐标系将所有能够被感知到的光表示出来。跟上了吗？如果你和大部分人不一样，有四种视锥细胞，那会怎么样呢？若是这种情况，那么你的大脑就多了一种配料，你感知到的颜色也就更丰富了，对不对？事实上，四维的色彩要比三维丰富得多！你能够看到几十种甚至几百种以前没见过的颜色，这是普通人所不能想象的。所以今天早晨你看到奇怪的现象是因为你中了魔法，眼睛里出现了第四种视锥细胞！

四种视锥细胞并不算多。大部分昆虫都有五六种，一些甲壳动物甚至有 12 种！在蝴蝶的眼中，一片白色的雏菊花海仿佛是各种各样的花挤在了一起，色彩纹理各不相同（有的甚至是深紫色），蝴蝶通过这些信息就能判断出哪朵花是刚开的、哪朵花的花蜜已经被采走了，等等。多了一种视锥细胞，你将和鸟类一样用更理性的眼光看待这个世界，成为"四色视者"。这太让人疯狂了！（你觉不觉得鸡和鸽子成天就像疯了一样？）

　　事实上，几乎所有陆生脊椎动物的祖先，也就是原始爬行动物，都有四种视锥细胞。它们能够将卵产在离水比较远的陆地上，使胚胎更加安全。这些动物要那么多种视锥细胞有什么用呢？老师在批改作业的时候会用红笔，你在书上画重点的时候也会用不同颜色的笔，可能你并不知道人们为什么有这个习惯，但这正是生物进化过程中的一个小窍门。大脑正是通过颜色来给视野范围内的物体"画重点"，让眼前的事物更容易辨别。在这个过程中，能够感知到的色彩越丰富，视觉就越敏锐！可是我们人类这么优秀，怎么只有三种视锥细胞，还不如其他物种呢？这是一个漫长而凄惨的故事……

　　根据头骨上附着咬合肌的颞颥孔数量，原始爬行动物很快就进化成了三类。首先是无孔亚纲，比如现在的乌龟；其次是单孔亚纲，这里面包括所有哺乳动物的祖先；最后是双孔亚纲，后来进化出了蜥蜴、鬣蜥、鳄鱼以及鸟类的祖先恐龙。所有这些动物一度都是"四色视者"。

　　两亿五千万年前，我们的祖先——单孔亚纲——是世界的主宰，进化出了很多种奇奇怪怪的动物，其中有哺乳动物，也有长得像海象的哺乳动物的近亲（如布拉塞龙），还有犬齿兽次亚目的后代。那时候的物种像非洲大草原上一样丰富，与今天的世界大不一样。突然！可怕的灾难降临了。人类目前还不知道当时究竟发生了什么，只知道一切都被毁掉了。这之后，双孔亚纲的动物夺得了霸主的位子，恐龙成为王者。侥幸活下来的哺乳动物（小型啮齿动物等）不得不低声下气，干起了新秩序下最脏的工作：它们生活在阴暗的角落里，吃着脏东西，从恐龙的垃圾堆里找食物。这些动物的活动时间主要集中在夜里，这样才不容易被逮住。

　　法语中有这样一句话：夜里的猫都是灰色的。也就是说在光线昏暗的时候，我们的眼睛对颜色的感知能力会下降。你可能也有过这样的经历。在黄—橙—红这样的光线下，视锥细胞极不敏感。因此在黑暗的环境中，我们看到的东西都是灰色和蓝色的，甚至是黑白的。对于生活在黑暗中的哺乳动物来说，一部分视锥细胞变得毫无用处，渐渐地也就退化了，只有蓝色和绿色视锥细胞被保留了下来。因为哺乳动物都是由侏罗纪时代这些饱受摧残的夜行动物进化而来的，所以现在正常的哺乳动物其实都只有两种视锥细胞，也就是说……都是色盲！很久很久之后，历史的车轮又向前转了转：一颗小行星撞击了地球，恐龙灭绝了，哺乳动物重掌江山。在这些动物中，生活在树林中的猴子发生了变异，一些视锥细胞发生了变化，于是出现了对红光敏感的第三种视锥细胞。有了这种细胞，猴子能够更快地发现成熟的果实，而在此之前这可是鸟类的特权（任何一个果农都会告诉你果园里的鸟有多讨厌）。人类的三种视锥细胞就是这么来的，这虽然比其他哺乳动物好一点，但是和大部分其他的动物相比还差得远。故事到这里并没有完。（见彩页图"大脑如何形成颜色"）

我们知道，有的人因为基因异常而患有色盲，这是因为他们通常都缺少了红色视锥细胞（也有同时缺少多种视锥细胞的情况，较为少见）。可有的时候基因异常也不会这么彻底，也就是说视网膜中仍然存在红色视锥细胞，只是这些细胞比较弱，只对橙色敏感。这样的变异通常发生在 X 染色体上。因此，一个人如果有一条 X 染色体"正常"，一条 X 染色体"不正常"——这种情况当然只发生在女性身上——她就会既有正常的红—绿—蓝视锥细胞，也有这种能够辨别出橙色的变异视锥细胞。如果前面讲的这些你都懂了，你就会知道，这类女性就应该是"四色视者"，她们和鸟类一样，能够辨识出的颜色比我们多几百种！不可思议？的确，不过科学家们已经证实：这是真事。他们经过测试发现，一些女性看到的颜色是常人的百倍！如果能进入她们的大脑，你将看到万花筒一样斑斓的世界，这些颜色你可能都无法用语言来描述，正如我们无法跟色盲患者或者先天盲人解释清楚"红色"究竟是什么样的。一些遗传学家经过计算发现，我们身边的四色视者应该有几百万，大约每一千个女性中就有一个！（见彩页图"维度问题"）

所以男士们要记住，如果你问你的女朋友"怎么又买了一双一模一样的鞋"，而她回答说"你有毛病吧！颜色完全不一样啊！"

这个时候可千万别嘲笑她。也许她眼中真的有着你我所不能想象的世界呢。反过来,你还得谢谢她帮我们,还有我们的猫、我们的狗、我们的刺猬打了个翻身仗,虽然被恐龙压迫了几百万年,可是我们的视觉又失而复得了!

假如去真正的潘多拉星球上看一看

电影《阿凡达2》的档期一拖再拖，让我们少安毋躁，展开想象的翅膀，用科学知识来领略一下真正的潘多拉星球吧！

你发现了吗，在科幻电影里，能够住人的星球有的时候并不是和地球一样的行星，而是像月球这样的卫星，它们的中心天体是像木星那么大的气体星球，比如《星球大战》中的亚汶四号卫星（路克·天行者和反抗军就是从这里出发去进攻死星的）以及伊沃克人居住的森林卫星恩多星。但在我看来，最美的星球当然是电影《阿凡达》中的潘多拉星。那在现实生活中呢？像潘多拉星这样的卫星真的存在吗？如果存在，它又会是什么样子的呢？来，咱们试着猜一猜！

砰！你落在了潘多拉星球泥泞的土地上，眼前到处都是郁郁葱葱的植被。你突然发现，自己好像变成了超人！把比自己还重一

倍的东西从宇宙飞船上搬下来竟然不费吹灰之力,轻轻一跳就能跳出两米远。更妙的是,你要是想飞起来,只要扇扇手臂就行了!当然,实事求是地说,你首先得在胳膊上粘上结实的大翅膀,虽然样子很可笑,不过能飞起来却是真的……这地方可真不错,对吧?

你一定已经猜到了,产生这些现象主要是因为潘多拉星上的引力比地球上小很多。潘多拉星不仅体积远远小于地球(它只是卫星,不是行星),构成它的岩石也比地球岩石的密度小得多。要知道,如果巨型行星以及它的卫星离它们的恒星非常远,比如木星离太阳就很远,那么那里的温度就会非常低,这就导致这些星体在形成时不仅会聚集起很多的石块,而且在石块间还会混入许许多多、种类丰富的冰片和气团(正是因为这一点,这些星体的个头才会那么庞大)。这样一来,潘多拉星球就和我们的地球非常不一样了。地球是以非常干燥的金属和石块为主的球体,只有很薄的一层水和空气。而潘多拉星球只含有极少量的金属,但岩石中混杂的水、碳酸盐、氮气、硫等低密度物质却很多。再加上本身体积就小,潘多拉星球上的引力当然就很小了。同样的道理，在这个星球上，很多地方都泥泞不堪。这样的环境倒是很适合植物的生长，可以说，潘多拉星球的生命在起源时就已经赢在了起跑线上。这是因为，刚才所说的低密度物质正是构成生物体所需要的成分，在潘多拉星球，这类物质比地球丰富得多：地球本身只是一片不毛之地，是彗星把构成生命所需的物质从太阳系边缘的寒冷地带送到了地球；而对于潘多拉星球来说，这些物质在星球形成的时候就已经存在了，而且含量非常丰富。因此，天文学家认为，在太阳系中，木星的卫星木卫二（Europa）上存在一片海洋，这片海洋被禁锢在100千米厚的冰层下方，其水量可能是地球全部海洋水量的3倍！

你也许会说，假如潘多拉星球以及它的中心天体波里菲密斯行星一直位于它们形成时的位置，也就是离恒星非常远的极寒之地，那么大部分水都会结冰，生命应该就很难繁殖了吧（至少是没办法长出郁郁葱葱的植被的）。这样说的确没错，不过，在巨型行星找到稳定的轨道之前，它们经常会在形成时所在的轨道平面上发生偏移，并且会向各自的恒星靠近。所以波里菲密斯行星以及它的卫星潘多拉星球完全有可能来到离恒星既不太近也不太远、温度适宜、生命所必需的水能够呈液态的"适居带"轨道上。此外，气体行星自己就能放热（主要以红外线的形式）。它们释放的热量尽管比不上恒星，但也很可观，即便波里菲密斯行星和潘多拉卫星离它们的恒星太远，潘多拉星只要离波里菲密斯星近一点儿同样可以很暖和。这样的话，对于某一特定的恒星系统来说，如果你想寻找生命的踪迹（也就是存在液态水的地方），除了与地球相似的行星，你还可以去巨型行星的卫星上看看，这个搜索范围可就大大增加了。一些天文学家认为这样的卫星"超级适居"。接下来你将发现，这个评价绝不是夸大其词。

人们一度认为太小的星球会存在各种各样的问题，我们太阳系的火星和月球就是证明。这两个星球的轨道尽管位于太阳的适居带上，却没有生命的迹象（也可能是他们藏得实在太好了）。那么具体都存在哪些问题呢？首先，较小的行星在形成后降温速度更快。星体内部的岩浆逐渐凝固，火山停止喷发。虽然有的时候火山会给人带来麻烦，但如果想把二氧化碳、水蒸气等质量较轻的物质喷到空气中，火山绝对是个得力干将。这些低密度物质原本和岩石混杂在一起，将它们喷出去对大气、海洋以及生命的形成至关重要。

其次，这些星球和地球不同，它的球心并不是液态的铁核，因此也就无法产生巨大的磁场，而要保护星球、使其免受来自太阳的致命粒子的侵袭，必须得依靠铁核。

最后，在地球（或是潘多拉星球）的热空气中，空气中的分子向各个方向运动，不时会有分子摆脱引力的束缚。只要连续发生一系列这样的碰撞，分子就可以获得足够的速度（即宇宙速度），飞向太空！如果一个行星体积太小，上面的引力也非常小，那么这个星球的宇宙速度也就不会很大，飞向太空也就易如反掌了。恐怕三个细菌来不及组个局，其中一个就已经不见了。在火星上很可能就是这种情况。可为什么潘多拉星就不存在这些问题，反而会有生命存在呢？

原因有很多。通过思考我们发现，如果气候和地球类似，要想留住氧气等气体，潘多拉星的宇宙速度得达到7—8千米/秒（地球上是11千米/秒）。要实现这一点，假设潘多拉星球上的岩石和木星的卫星木卫一一样轻，那么它的半径就得有5200千米（大约是地球半径的80%），这样才保得住它的大气。这么大的卫星可不常见。但如果波里菲密斯行星是木星的8倍——这并不稀奇——潘多拉星就有可能达到这个大小。另外，潘多拉星受到波里菲密斯行星的引力会产生很强的潮汐。这股力量会使潘多拉星内部翻江倒海、温度升高，从而产生非常剧烈的火山活动。再加上潘多拉星的岩石中含有大量的低密度物质，喷射出的火山气体就会非常多，这样，空气的密度很容易就可以达到地球的两三倍！（顺便说一句，"飞翔"这个词用在潘多拉星球并不恰当，换成"游泳"还差不多。）因此，就算潘多拉星球的半径远远达不到我们刚才算出的5200千米，不断喷发的火山也会让这个星球拥有稳定的大气层。那磁场的问题怎么解决呢？潘多拉星本身并没有强大的磁场，不过它根本用不着（大自然总是那么恰到好处），因为波里菲密斯行星的磁场非常强大（和木星一样），潘多拉星在这个磁场里面运行是非常安全的！

你看，依靠着它强大的行星妈妈，潘多拉星歪打正着，体积过小可能导致的问题全部迎刃而解了！

你飞啊飞，俯视着潘多拉星茂盛的丛林，可一抬头……天啊！一只巨大的眼睛在看着你。那是波里菲密斯星，它像是一只巨大的气球悬在空中，足足占据了13度的视角，相当于26个满月的

假如去真正的潘多拉星球上看一看 195

地球:
半径: 6371km
=1R
质量: 1
密度: 5.5
重力: 1G
一天: 24 小时

火星:
半径: 3389km
=0.53R
质量: 0.11
密度: 3.9
重力: 0.38G
一天: 24.6 小时

波里菲密斯行星:
半径: 76452km
=12R
质量: 2259

木星:
半径: 71492km
=11R
质量: 318

木卫一:
半径: 1821km
=0.28R
质量: 0.015
密度: 3.5
重力: 0.18G
一天: 42.5 小时

潘多拉星:
半径: 5288km
=0.83R
质量: 0.38
密度: 3.6
重力: 0.55G
一天: 30 小时

能够存在生命的卫星应该是这个样子。我们按照相同的比例尺将地球、火星、木星、木星的卫星之一木卫一、波里菲密斯星以及潘多拉星放到了上面的图片中进行比较。需要说明的一点是，尽管波里菲密斯星比木星重得多，但并不比木星大多少，这是因为与地球或火星这样的小型岩质行星不同，木星和波里菲密斯星并不是由无法压缩的固体构成的，而是以气体为主，而气体会在自重的作用下被压缩。

直径！过了一会儿，你发现波里菲密斯星在天上的位置竟然一点都没动。这并不奇怪，和绕着地球旋转的月球一样，潘多拉星也被"锁定"在波里菲密斯星身旁：在绕着波里菲密斯星运行的同时，它总是以同一个侧面朝向波里菲密斯星。这样一来，潘多拉星上的一天（即自转一周的时间）与一个月（绕波里菲密斯行星一周的时间）就变成了一回事。但是千万别因为这个就认为这里的一天很长很长。事实上，如果想一想潘多拉星与波里菲密斯星之间的距离（既不太近，使火山活动不会过于频繁，也不太远，以使潘多拉星在波里菲密斯星的磁场内），那么它应该用30个小时左右就能沿轨道运行一周，也就是说，这里的一天是30个小时，并不比地球的24小时长很多！

夜幕降临，你很清楚地看到不远处还有另外三四个卫星——像波里菲密斯星这样的巨型气体星球通常都有很多卫星，现在你知道了，这几个卫星和潘多拉星一样，也有可能存在生命。三四个这样的星球聚在一起，相距不过三天火箭的距离，很让人向往对不对！事实上，正如我们刚才看到的那样，巨型行星的卫星享受着许多得天独厚的条件，因此，在银河系存在生命的星球中，相当一部分可能都是潘多拉星这样的卫星。没想到吧？甚至还有可能是"大部分"呢。这样的话，像地球这样的行星倒变成例外了。

文章的最后，容我再补充一句。截至本书付梓时，天文学家共发现了1791个位于太阳系之外的行星，其中有21个是能够存在生命的类地行星，而像波里菲密斯星这样，可能拥有多个潘多拉卫星的行星，则达到了28个！

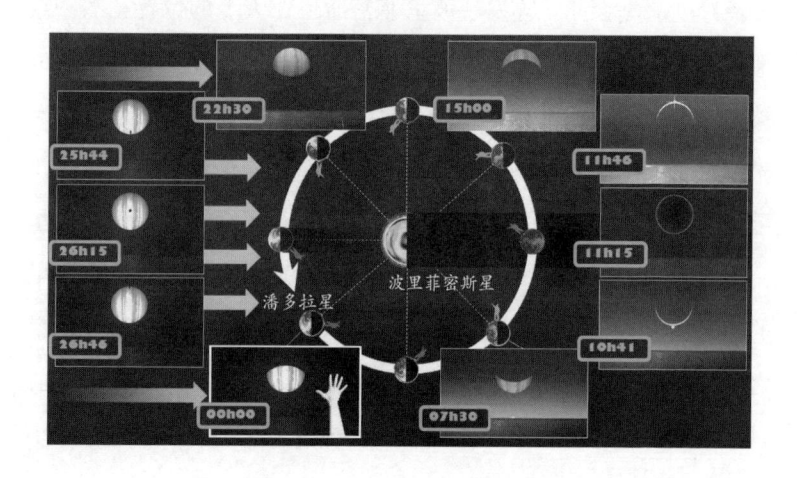

30 小时的潘多拉星生活。同月球一样，作为卫星，潘多拉星也绕着它的行星——波里菲密斯星旋转，并且永远以同一个侧面朝向波里菲密斯星（图中，"正面"中心有黑点标记），因为它自转一周所需的时间与它围绕波里菲密斯星运行一周的时间完全相等，在这里我们估算为 30 小时。假定你站在潘多拉星赤道的热带海岸上，位于星球"正面"中心以西 45 度的经线处。

00h00：午夜，太阳在正下方。天上，波里菲密斯星是地球上满月的 26 倍（比伸开五指的手还要大）。

07h30：日出。波里菲密斯星的位置没有变（它一整天都不会动），但形状不一样了：现在比半月还要小一点。

10h41—11h46：第一次食相。潘多拉星从波里菲密斯星后方经过。"夜的小插曲"将上午一分为二，时长一个小时多一点（这是因为你站在星球"正面"中心以西的地方；如果你在中心以东，就会在下午看到日食）。大约 11 点 15 分的时候，波里菲密斯星会出现蓝色的花边，阳光穿过波里菲密斯星最稀薄的一层大气——平流层，就会显现出蓝色。

15h00：正午！

22h30：日落。波里菲密斯星露出 3/4，太阳落山了。

25h44—26h46：第二次食相。波里菲密斯星再次变为满月，月亮上有一个小黑点在移动，这个小黑点就是你所在的潘多拉星投射在波里菲密斯星上的影子。

30h00：迎来新的一天！

假如尼安德特人没有消失

如果尼安德特人还在,他们会和我们和平共处吗?

老爷,尼安德特人打过来了!

二三十万年前,非洲人、亚洲人、欧洲人就生活在这个世界上。也许你会说,和现在一样呗。不不不,一点都不一样!如果我们把当时一个欧洲猛犸象猎人和一个非洲渔夫进行对比，他们的差别可就不仅仅是发质和肤质的区别了。实际上，他们属于两个类别，差距就像非洲象和亚洲象、斑马和马一样大（在某种程度上，马就是非洲以外的斑马）。在印度尼西亚曾出现过身材矮小的"弗洛勒斯人"，身高只有一米二，人们给他们起了个外号叫作"霍比特人"。而今天的人类无论是白种人、黄种人还是黑种人，都属于"智人"，是起源于非洲的一个人种。所以，当智人到达欧洲的时候，欧洲大陆上已经有人存在了，也就是尼安德特人，他们才是名副其实的"土著"。尼安德特人是什么？简单地说，是人，跟我们很不一样的人。

这里，咱们得先说点题外话。你可能听说过，近几年，有的人被查出携带着尼安德特人的基因。有人由此推测，尼安德特人并没有消失，他们只是和来到欧洲的智人发生了"混血"，在人群中慢慢被"稀释"了而已。这是一种可能。但是，这种想法如果成立，一方面我们的想象就全都泡汤了，另一方面我们可以找出很多理由来反驳它。

首先，通过目前发现的骷髅可以看出，在智人到达欧洲后的几千年里，智人与尼安德特人的体型差异整体上并没有变小（甚至还越来越明显了）。其次，现在的人类身上并没有半点尼安德特人线粒体DNA的痕迹。线粒体DNA是全部来自母亲的一组基因，我们由此可以知道，出于某种神秘的原因，女性尼安德特人从未产下与智人的"混血"后代（或者这样的后代非常少，以致今天没有任何痕迹保留下来）。这至少意味着智人与尼安德特人生出混血儿的难度系数要比两个现代人高一点。另外，我们最近发现，智人和尼安德特人之间还有一个非常重要的区别：尼安德特人的颅骨和我们的颅骨在生长方式上大不相同，因为在他们身上，用来分化面部骨骼的细胞和我们的排列方式是不一样的！需要特别明确的一点是，现在没有人和真正的尼安德特人长得像，就连网上那些被戏称为"活化石"的丑照也和尼安德特人不是一回事。这些照片如果放到史前，所有人都会一眼看出他们是智人，而绝不是别的人种。

虽然不能打包票，但是所有这些都意味着智人和尼安德特人的关系与今天的老虎和狮子差不多，他们属于两个相似的物种，有的时候还有可能繁殖出混血后代，但区别仍然是非常明显的。跟上了吗？现在，我们就以这一点为前提，开始我们的研究。假如 25000 年前，尼安德特人没有神秘消失，那么会发生什么呢？

我们的第一个想法便是，既然他们明显没有我们聪明，那他们早晚都会消失的。可是我们马上就会发现，随着科学家的研究不断深入，这个想法会越来越站不住脚。

科学研究表明，尼安德特人的大脑比我们稍微大一些，他们已经能够用石头造出比较复杂的工具了，这些工具和我们的祖先用了好多年的石器没有很大的区别。赶紧把我们自以为是的优越感收起来吧！最近人们还发现，尼安德特人也能够说话，但他们发出的声音在我们听来可能会非常奇怪——这又是一个不同之处。他们的舌骨（喉部的一块骨头）形状特殊，导致他们发出的元音会特别重，他们的喉咙内部很窄，这就使他们的声音很尖，同时由于他们的胸腔空间很大,他们的声音还会很有力。(要想大致感受一下这种嗓音,你可以去看电影《巨蟒与圣杯》中 Ni 骑士的片段。)

尼安德特人已经很聪明了,也很有想象力(不管怎么说也是人类的一种),他们能够使用颜料、制作首饰、埋葬死者,现在的研究认为他们还造出了独木舟,然后乘着独木舟发现了亚得里亚海的希腊小岛,我们的祖先在几千年后才做了类似的事情(发现澳大利亚)。一些考古学家甚至认为4万多年前出现在欧洲的新技术(更锋利的石头刀刃、用骨头制成的工具和雕刻品以及最早的壁画)可能不都是我们智人的杰作,而是早就在那里生活的尼安德特人留下的。所以,如果认为我们"智人"之所以存活了下来,是因为我们比尼安德特人聪明得多,那这种想法未免也太自负了!

出现在我们脑海里的第二个想法是,如果尼安德特人没消失,那么也许会发生战争。这一次也一样,我们很可能又想错了!反正最一开始肯定没有开战。首先,在历史上,我们的祖先和尼安德特人真的在西欧共同生活了 3000—5000 年,具体地域主要集中在法国,在这段时间,双方没有留下任何打斗的痕迹。其次,尽管不可思议,但事实上,石器时代很少发生战争。在全世界发现的各个人种的几百具史前骸骨中,只有十几具骸骨上有受到重击受伤的痕迹,而且我们无法知道这些重击是否仅仅是个意外而已。不打仗其实也是合理的。所有的人种都经历过很长时期的游牧生活。对于游牧民来说,如果自己想要扎营的地方已经有人了,那么更简单也更安全的做法显然是去别的地方看看，而不是用随身携带的肉饼来攻击对方、直到一方认输，对不对？

一般来说，在动物界，种类非常相近、在食物链处于同一等级的动物之间存在对抗性竞争，而这些动物中有不少仍然能够和平共处。就拿狐色雀鹀和歌带鹀来说吧，这两种鸣禽在北美洲共享一片天地，相安无事。它们是怎么做到的呢？狐色雀鹀逐渐养成了多吃"素"、少吃"肉"（主要是昆虫和土里的虫子）的习惯，而歌带鹀则相反。这样，双方都让一小步，就都能过上自在的生活、不用兵戈相向了。动物学家把这种现象称为"食物划分"。不仅鸟类如此，胡蜂、白蚁、虎鲸也有这种现象，那么人类是不是也可以这样呢？当然可以。我们已经发现，尼安德特人什么都吃，而一些大型猎物的肉，比如鹿肉、野牛肉等，智人吃得不多，尼安德特人却经常吃。

看到这儿，你可能会发现，"尼安德特人如果没有消失会怎么样"已经不是重点了，重点是"他们为什么消失了"。如果尼安德特人没有与智人发生冲突，也不比智人"低级"，他们怎么就消失了呢？也许仅仅是因为他们运气不好而已。近来的一些模拟研究发现，25000年前，天气突然变得很冷很冷，欧洲的大型猎物数量似乎出现了骤减，这对尼安德特人的影响更大，再加上他们的肌肉和大脑都比智人大，需要更多热量，所以他们更容易被饿死。这样的话，如果天气没有变得那么糟，那么尼安德特人可能就不会灭绝……

如果尼安德特人没有消失，那么在一段时间里，他们应该会和智人各自过着自得其乐的日子。可是，当以狩猎采集为主的游牧生活不能满足他们的需求、人们需要定居在一个地方进行农业耕作时，情况就不一样了。真实的历史是这样的：

12000年前，冰川时期结束，地球的气候转暖，这为农业的出现创造了条件。一个人用双手生产出的粮食不仅足够他一个人吃，而且还有剩余。人们把多出来的粮食积攒起来，一座座村庄逐渐形成。人们再也不用把所有的时间和精力用在寻找食物上面了。于是出现了分工，有的人专门造工具，有的人专门盖房子，不一而足。科技的快速发展就这样开始了。与此同时，农业人口迅速增长。

这种新的生活方式在欧亚大陆上逐渐蔓延开来，其原因可能是农业生产需要更多的土地，也可能是邻里之间相互效仿的结果。但这回人们终于有理由开战了：村子里储存的食物令人觊觎，如果来了不速之客，人们除了迎战没有别的选择，因为没了自己的土地和庄稼，他们就会被饿死的！所以，人类最早的集体性杀戮迹象还有最早的武器正是来自这个时期！

想象一下，假如在公元前8000年左右，生活着智人和尼安德特人两个人种的欧洲迎来了农耕生活。在现实中，经常出现尼安德特人的地区（如法国的阿基坦、西班牙南部以及莱茵河口）也是狩猎采集这种生活方式延续时间最长的地区，因此我们可以假设，当我们的祖先智人过上定居生活的时候，尼安德特人仍然还过着游牧生活。这样的话，四处漂泊的尼安德特人就要面对先进的智人农夫了，除了开战他们别无选择。他们可能会去抢劫，为遏制农业的进步，与农民们决一死战，就像以前的美洲印第安人一样！

他们会不会因此像印第安人一样被灭绝呢？也许吧，除非他们最终也改变了生活方式，开始定居生活（类似中世纪时期的匈人、维京人或是蒙古人），产生另一种文明。那么今天的欧洲就会出现一些以尼安德特人为主的国家……你是不是想到了什么？比如《霍比特人》《指环王》中的世界？没错，《指环王》的作者约翰·罗纳德·瑞尔·托尔金正是根据克尔特人和日耳曼人的传说想象出了影片中的奇幻世界，而传说中，克尔特人和日耳曼人生活的地方确实存在很多世界上其他地方所没有的神奇生物。这些生物并不是来自虚幻世界的神仙、魔鬼，也不是正常人看不到的幽灵、冤魂，更不是什么怪兽、神龙。他们虽然有的高大、有的矮小，有的顽皮、有的精灵古怪，但都和我们一样需要吃饭和睡觉。他们有自己的社会、自己的服饰。通常还有自己的语言，以及特色的食物和饮料……总之，他们也是"人"，和我们一样，但又并不是完全一样。咦？既然只有欧洲有这些传说，而智人和尼安德特人又曾在欧洲大地上共同生活过那么长的时间，这些故事会不会就是尼安德特人在欧洲人的记忆中留下的痕迹呢？

我们都是非洲人的后代

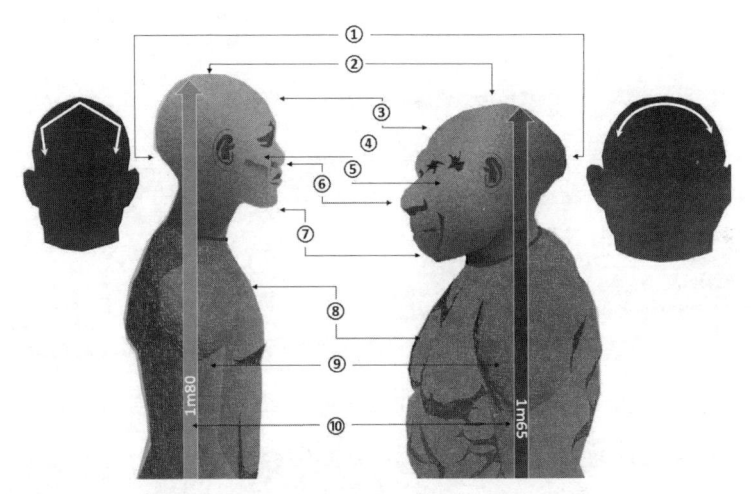

智人来自非洲大陆，与出现在欧洲的尼安德特人有着很多不同之处。今天的人类无论来自哪个大洲、皮肤是什么颜色，全部都具有非洲智人的特征：

①枕骨凸起不明显。枕骨是颅骨后侧像发髻一样凸起的骨头。智人的枕骨没有凸起或凸起得并不明显，而尼安德特人的枕骨非常高。

②头顶高，轮廓呈"房子"形状。尼安德特人的头顶低且圆。

③额头竖直。尼安德特人的额头向后倾斜，但脑容量比我们稍大一些。

④眼眶上方的骨骼（几乎）没有凸起。

⑤颧骨明显（尼安德特人完全没有颧骨）。

⑥鼻子和鼻腔较小。

⑦面部下方的骨骼向前伸出形成下巴（尼安德特人没下巴）。

⑧胸廓更平坦（尼安德特人的胸廓像大桶一样，容量更大）。

⑨肌肉更加纤细、依附在骨骼上的方式也不一样。尼安德特人更强壮一些，某些关节（如手指关节）开合角度更大，就算他用一只手抓着篮球，我们也绝对抢不走。

⑩平均身高比尼安德特人高几厘米。

假如没有量子力学

量子力学是一门非常奇怪的学说,它经常与我们惯常的认知背道而驰。但生活里却不能没有它……

以前,物理是一门非常严肃的学科,只有踏实认真的人才能研究它。比方说,学者们告诉大家,光是一种波,就和水面上的波差不多。这种说法解释了不少现象,比如两束光交汇时光不会改变方向。你可以试着把两股水流交汇到一起,你会发现,由物质构成的水就不具有这种性质。既然说到了物质,那我们就继续说说物质是什么。所有的物质都是由粒子构成的(电子、质子以及其他很多种非常小的颗粒),这些粒子的硬度就像物质本身一样硬,咱们姑且先这么说吧。所有的粒子都在一片很空很空的空间里欢乐地跑来跑去。很容易理解,不是吗?可是,砰——一个名叫爱因斯坦的家伙让一切都站不住脚了(仔细想想,光是看到爱因斯坦的发型,我们就应该知道他不是一般人了)。

假如身边的物体都出现了金属光泽,然后瞬间燃烧殆尽,你就可以开始害怕了,这说明力学已经失灵了。

爱因斯坦发现,尽管光具有波的性质,但实际上它也是由粒子组成的,称为"光子"。人群中,一位名叫路易·德布罗意(Louis de Broglie)的人就跟着喊了一句,"好呀,伙计们,波都能变成粒子,那没准组成物质的小粒子还都是波呢!"糟糕的是,没过多久这个玩笑便得到了实验的铁证,他竟然说对了。这时,第三个人沃纳·海森堡(Werner Heisenberg)站了出来,他想起来波有一个著名的特性:当波沿着某一确定的方向传播,即速度矢量唯一时,波纹在空间上总是均匀错开的。而当我们想让波通过某个指定的位置(如穿过一个小孔)时,波就会沿各个方向散开(也就是速度矢量不唯一)。海森堡由此推导出,由于波是粒子,粒子也是波,那么如果一个电子、一个原子或者任何其他的粒子移动的速度保持不变,那么与此同时,这种粒子就应该存在于几乎所有地方。而如果某一点上总存在一种粒子,那么这种粒子就正在向各个方向扩散……天啊，好烧脑！这还没完。我们还知道，波的波长和频率不可能同时都是定值（频率也就是能量，因为一个波振动得越快，它的能量就越高）。所以海森堡认为，物质粒子应该也遵循这一规律（比如说，如果物质粒子的寿命是一定的，那么这些粒子同时就具有多个能量），这就是"不确定性原理"。匪夷所思？是的，不过还有更离奇的。

既是波也是粒子。当光穿过两个小孔还没有打到屏幕上的时候，会形成明暗交替的"斑马纹"，这是波的一个特性（a）。之所以会这样，是因为在小孔和屏幕之间的这个空间里，从一个小孔传出的波的波峰可能会恰好遇到另一个小孔传出的波的波谷，在这些地方（图中虚线处），两个波就互相抵消了。

可是，如果减弱波源的强度，我们会发现波源一次只发出一个粒子（光子），在屏幕上就会形成一个很清楚的点（b）。光子打在屏幕上的位置是随机的（c），但如果等足够长的时间，屏幕上又会形成最初的条纹图形！从这里可以得出什么结论呢？光子被光源释放之后，在被屏幕探测到之前（也就是我们看不到它的时候），每一个光子都以波的形式被"稀释"了，这个波会指引它去它最可能出现的地方。这个原理对电子、中子甚至原子这样的物质粒子都完全适用！

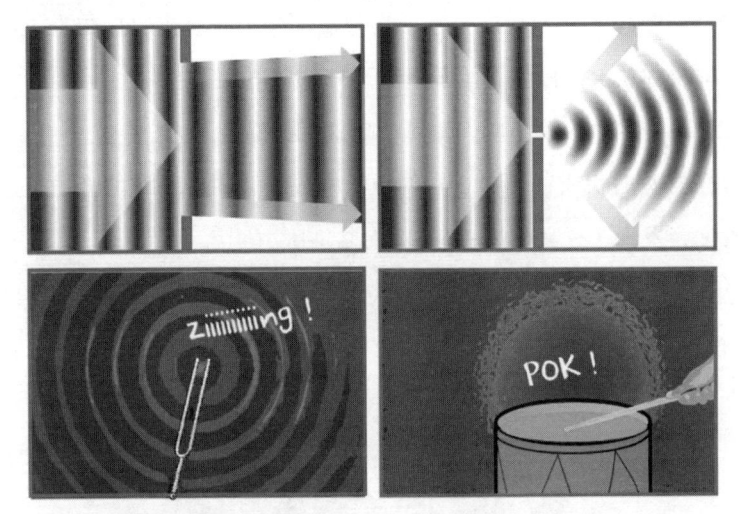

一点都不深奥的不确定性原理。当波沿着确定的方向传播时（左上图），它在空间的分布是均匀错开的。但是，当波从一个点经过之后，这个点越小（中间的小孔），波的传播方向就会变得越分散。一个清晰的音符——比如音叉发出的波长或频率一定的音符 la——通常都是很长的。相反，一个非常简短的声音（比如鼓声）就没有音符那么清晰，因为它是多个频率不一样的波叠加而成的。

想象你的面前有 1 立方毫米的地方是空的。如果这里真的什么都没有，那么里面的一切都应该是确定的，这样的话，海森堡不就错了吗？这时候，第四个人，保罗·狄拉克站了出来。他指出，真空实际上并不空：这里一直充斥着能够瞬间出现、瞬间消失的"虚"波/粒子。这些波/粒子噼啪作响，使 1 立方毫米的空间蕴含的能量就和千千万万个太阳能够爆发出的所有能量一样巨大。哇……而且，天文学家们观察发现，在边长为 50 千米的宇宙空间中确实有能量存在（这本身就已经够神奇的了），但这些能量连鸡蛋都烤不熟。也就是说,谁都搞不懂究竟是怎么回事!(所以如果你从上一段就开始看不懂了,完全正常。)

不管那么多了!咱们用魔法把这荒诞的量子力学变没。好了,现在所有的物质都是由正常的粒子构成的,没有了波的性质。这时你会发现,一大堆烦心事出现了。咱们举几个例子。

首先我们需要知道波是怎么回事。当波被局限在一定的空间内时,它能够发出的频率或能量就是一定的,比如两端固定在吉

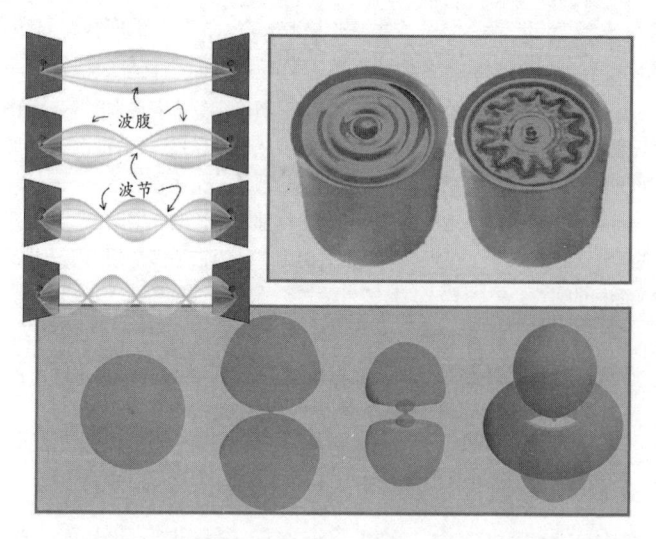

被禁锢的波。两端固定的琴弦(a)发出的波在两个端点之间来回往复、相互重叠,最终成为"驻波"(即不再推进的波)。驻波由波腹(琴弦振动的地方)和波节(琴弦不动的地方)组成。理论上,波的频率越高(即振动得越快),波腹和波节的数量就越多。由于一段琴弦上波腹和波节的数量必须是整数,所以能够产生的频率就只能是某些确定的值(a)。咖啡表面的波也是一样的,限制它的是杯子的边缘(b和c)。原子内部的电子也遵循这个规则(d)。

他上的琴弦在振动时总会产生同样的音高。弦乐器之所以能够演奏出清晰的音符就是这个道理。在我们施魔法之前，被限制在一定空间的粒子也具有这样的性质。

就拿真空中噼啪作响的虚粒子来说吧，任何频率的虚粒子都可能存在，但是，在两个距离非常近的物体中间（真实情况是距离小于 0.00001 毫米的时候），只有频率"恰当"的粒子才能出现，就好比两端固定了的吉他弦只能产生固定频率的振动一样。结果就是，留在这个小缝中的粒子会比其他地方稍微少一些。所以，尽管真空确实不空，但小缝里的真空仍然会比小缝外的真空更空一些，这样就出现了一个风口，因而就会产生振动！因此，距离非常近的两个表面会受到真空能量的牵引而相互靠近，这就是卡西米尔效应（这个名字来源于物理学家亨德里克·卡西米尔）。可惜的是，在我们施魔法的时候，虚粒子被变没了。你觉得这没什么？让我们来看看。当你把胶带粘在物体表面时，胶会根据物体表面的凹凸情况发生流动，从而与物体贴合在一起。可是现在，胶与物体表面小分子之间的空隙没法产生吸引力了，所以也就粘不上了。

"好吧，不得不承认这样的状况的确挺烦人，不过说到底也没什么大不了。"如果你这样想，那咱们就再来看看原子里的电子。如果把电子看作波，那么电子就和波一样，它的频率或者能量只能是某些确定的值。当受到光的照射时，如果光波的频率（或能量）恰好能使电子的频率从一个确定的值变为另一个确定的值，那么这个频率的光波就能够被电子吸收。不能被吸收的光则会保持原样、继续传播。比如说，如果一些原子的电子只能吸收能量很高的蓝光，那么当白光[1]照在这样的物体上，白光中的蓝光就会被吸收，剩余的光反射到我们的眼中就会发黄（黄色是蓝色的互补色），也就是说，这个物体在我们看来就是黄色的。我们看到的大部分色彩都是这样产生的。但现在我们施了魔法，电子不再具有波的属性了，它们只是绕着原子核不断旋转的小球而已，就像地球的卫星一样，能够吸收任何频率的光波。要知道，在施魔法之前，金属就有这样的特性。金属的一些电子并没有被禁锢在原子中，这些电子能够在整块金属材料中自由运动。那么这样一来，现在所有的物体看起来都泛着金属的灰色，就像没做好的合成图一样！

还有更糟糕的。你想想，谁来拦着电子、不让它一头栽到原子核上呢？理论上，没谁。这可太危险了。只要随手在一个东西上拍一下，里面的电子就会朝着原子核冲过去。这样的话，原本在运动状态下才能释放光和热的原子核现在一动不动就能释放能量了。计算表明，如果1克物体中的所有电子都冲向原子核，产生的效果基本相当于一辆汽车的油箱发生爆炸。由此可以看出，如果构成宇宙的物质没有同时具备波和粒子的双重特性，那么平时稍微有点磕碰，你的身边就会火光冲天、万物俱焚！想试试吗？来，咱们敲敲桌子……

啊，还好还好！没着火。显然，量子力学并没有消失。尽管

---

[1] 白光包含各种颜色的光。

量子力学的定律在我们看来总是晦涩难懂，但要是没有它们，很多我们习以为常的事情便都会无从谈起。正如我们刚才所说，像胶带纸这样的小东西都要靠真空的神奇能量才能起作用呢……

假如地球倒着转

想象世界上还有一个地球，它和我们现在的地球什么都一样，只有一点：它自东向西转……

好吧，在这个倒着转的地球上，太阳显然要从西边升起，在东边落下，和咱们平常见到的正好相反。但除了这一点，还有什么会变呢？首先要变的是主导风向以及海水的流动方向，它们当然都得反过来，这就会改变气候带以及植被的分布。而如果气候带和植被都变了，那么一切都要跟着变……凡是你能想到的，都会不一样！

你会在撒哈拉沙漠遇到伐木工。正常情况下，在非洲远海形成的暴风雨会遭遇东风，因此就会向美洲方向移动。一路上，它会不断汇聚来自海洋的水分和热量，最终形成气旋和热带风暴，给安的列斯群岛、墨西哥以及中美洲带来大量的高温降雨。而在倒着转的地球上，这个过程就会反过来：加勒比海的风暴

澳大利亚的殖民者对战南非大平原的骑兵……这是倒转地球的远征军!

受西风的作用向非洲移动,强降雨也会随之而来。这样,南北美洲近 1/3 的雨林就会出现在大西洋另一端的非洲大陆上。因此,广袤的撒哈拉沙漠可能被大片繁茂的植被所覆盖,伐木工当然就会出现了!

你希望发生点更刺激的事?那你看看下面这个怎么样,人类会多出一条狨猴的尾巴。这是怎么回事呢?听我娓娓道来。倒着转的地球比我们地球上的植物更加茂盛。问题是,这就会让非洲大草原的面积大大缩小。可是,六七百万年前,猴子正是在这里学会了直立行走(因为站起来之后,它们的视线就能越过草丛,及时发现是否有老虎靠近,存活率也就大大提高了),为人类的诞生奠定了基础。如果草原的面积大大减少,很难说这里还能不能进化出一个又一个的人种,最终形成今天遍布世界的人类。就算可以,人们从非洲离开的时候估计也会堵车吧!事实上,当时的人们无法从草原出发直奔中东地区，因为原始森林盘根错节的树木挡在路上。要想过去，他们先得开出一条路来，可以想象，这个工作应该是非常繁重的，而且他们的工具只有用石头做成的斧子，要走出去自然需要很长很长的时间。算了，发生这种情况的可能性并不大，因为如果地球倒着转，那么大草原就应该出现在南美洲，这样的话，也许会是南美洲的猴子先学会走路呢。与非洲猴子相比，南美洲猴子的最大特点在于他们的尾巴能够抓住东西。你想想这会导致什么结果？结果就是几百万年后，猴子的后代——人类——也会长着一条尾巴。虽然这条尾巴非常有用，但人类的服饰可就要复杂得多了。

啊！街角的面包店也要换成得州/墨西哥风味餐厅了！在我们生活的地球上，农业最早出现在土耳其和伊拉克地区，这里的人最先掌握了驯化动植物的技术。地质学家认为，这是因为在12000年前，"新仙女木期"的出现让这个地方过早地遭遇了干燥的气候。当时，冰河时期逐渐接近尾声。此时的北美洲大陆上有近一半面积都被巨大的冰川所覆盖。随着气候变暖，这个冰川的中间逐渐形成了一个巨大的淡水湖。一天，湖边的一块冰终于被水冲开了，淡水就这样涌入大西洋，堵住了墨西哥湾暖流。墨西哥湾暖流产生自热带地区，原本可以使欧洲的气候回暖。可在它被湖水堵住之后，不到十年的时间，欧亚大陆西部一半疆土的温度便再度降回了冰河时期的水平。这个突如其来的气候变化过程使中东地区丰富的生态系统遭到了重创。由于荒漠的面积不断扩大，之前只靠狩猎采集就能吃到肉和蔬菜的人类过上了食不果腹的日子。他们不得不动手耕种，以此来养活自己。人类最早学会种植的庄稼因而也就是这个地区常见的作物，即小麦、燕麦、黑麦等谷物。

你现在知道人们为什么喜欢吃面食了吧？好了，如果地球倒着转，那么这些事情都不会发生。墨西哥湾暖流会向反方向流动，它能够温暖的就不再是欧洲了，而是美洲。同样，在冰河时期，世界上最大的冰盖也不会出现在加拿大，而是转移到欧洲，那么巨大的淡水湖也就会在这里形成（大约是现在北海所在的位置）。所以，受到"新仙女木期"影响最严重的地区就会变成美洲。我们现在只需要知道荒漠的位置，就能够推断出倒转地球最早的农作物在哪里诞生了——答案就是美国的南部！那么全世界最早的粮食就会变成这里盛产的植物：四季豆和玉米。"您好，吃点什么？""一份墨西哥卷饼，一份墨西哥辣肉酱汤！"

在倒转地球上，"哥伦布"应该会是美洲印第安人。一般情况下，世界上最早的文明几乎都出现在已经产生了农业的地方。善战的武士或是伟大的神灵往往通过战争获得普通百姓的拥戴。在他们的领导下，人们辛勤劳作，在河流附近开沟挖渠，使农业产量逐渐达到很高的水平。这样，很多人就有了时间去做其他的事情：有的人开始研究天文，有的人开始发明文字，不一而足。在我们的地球上，最早的古文明来自苏美尔人以及其他的古埃及人，他们都生活在离沙漠不远的大河附近。所以如果想在倒转的地球上寻找文明的发源地，我们也要找这样的地方，而这样的地方有两个：一个是戈壁沙漠旁边的中国（这一点是不会改变的，尽管

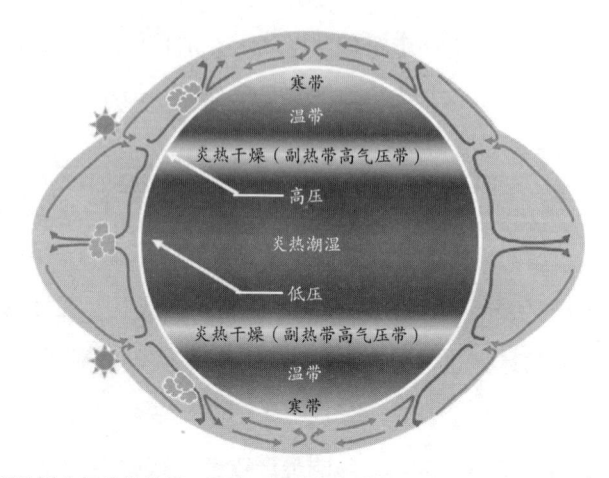

寒带
温带
炎热干燥（副热带高气压带）
高压
炎热潮湿
低压
炎热干燥（副热带高气压带）
温带
寒带

光照是划分气候带的第一要素，因此气候带都是"横向"的（东西方向）：在赤道附近，太阳光垂直射向地面，气候炎热，离赤道越远，气候就越凉爽。要想进一步分析气候，我们就需要考虑地球上空气的流动情况：热空气上升，冷空气下降。空气向上运动的地方气压当然就低，在气象学上，低压就意味着降雨。相反，空气下降的地方气压就高，而高压是晴天的代名词。综合两方面因素，我们得出的气候分布就是：赤道附近地区炎热潮湿，离赤道稍远一些的地区炎热干燥（因此在副热带高气压带形成沙漠），再远一些的地方转为温带，气候越来越温和、湿润，最后是寒带。

沙漠的面积会大很多），另一个是美洲，具体来说就是阿根廷的拉普拉塔河、美国的密西西比河三角洲或美国与墨西哥交界处的格兰德河流域。由于风向也要反过来（在航海时代，风向非常重要），所以在倒转的地球上，"哥伦布"可能会是美洲易洛魁联盟派出的海军上将，他向东航行，成为第一个发现欧洲的美洲人！

还有什么呢？一些历史学家认为，东西方向的"横向"大陆比南北方向的"纵向"大陆更有利于文明的发展，比如非洲和美洲就都属于纵向大陆。这并不是因为横向大陆上的人更聪明，而是因为那里会遇到的困难更少。首先，无论是向东还是向西，气候都是一样的，已经驯化了的植物和动物就很容易迁移；相反，向南向北移动就很困难了，想想"南橘北枳"的故事你就会明白。所以，在横向大陆上，邻里之间可以相互效仿，人们也可以轻松地扩大自己的种植范围。这就使在欧亚大陆上，农业以中东为中心迅速发展，向西传到欧洲，向东延伸到印度乃至整个亚洲。渐渐地，不同文明之间的交流变得越来越方便，以至于当其中一个文明衰败的时候，其他的文明可以轻而易举地取其精华，将它的成果保留下来。字母文字本来是埃及人发明的（但是很少被使用），后来传到了腓尼基人手中得到了发展，希腊人沿用了腓尼基人的成果，同时根据自己的需要做出了调整，而他们的成果又被罗马人学去了。若干年后，造纸术、印刷术、指南针也是这样不知不觉地从富饶的中国流传到了正处在文艺复兴时期的南欧诸国。相比之下，非洲和美洲的发展就没有这么容易了。在西班牙人出现之前，印加人和阿兹台克人虽然仅仅相距 2000 千米，但却全然不知道对方的存在。

在倒转的世界，文明要从美洲诞生，因此科学发展的速度就会很慢很慢，要想达到科技革命的水平需要很多年的时间。这样的话，人类大概是不会受到原子弹的威胁了，不过智能手机应该也没戏了！

一派胡言？确实。不过如果不喜欢这个世界，你完全可以再创造一个别的呀！（见彩页图"在地球自转的作用下，空气和海水在赤道和极地之间循环流动"）

假如把铅都变成黄金

点石成金是古代炼金术士毕生的梦想,今天,这个梦想在核物理的帮助下终于要变为现实了。让我们一起去看看。

中世纪的炼金术士认为,既然普普通通的石头经过腐蚀性药品或是窑炉的加工处理就能制出铜、铁,那么用同样的方法自然也可以用铅炼出金子,况且这两种物质都是密度较大、延展性很好的金属,本身就有很多相同之处。因此他们不顾自己的安危开始了各种尝试(烧掉眉毛都不算什么),但所有的操作只能在暗地里进行,因为一旦被官府发现,他们自己就会变成二氧化碳、水蒸气和无机盐——也就是说他们会被活活烧死。官府其实也真心相信铅可以变成金子,只不过他们并不认为这是件好事:如果有一天所有人都能自己变出金子,那么他们那一箱箱的宝贝就不值钱了……现在我们知道,其实他们根本没必要为这件事大动干戈,

这是一个由来已久的执念……

因为在那个年代，把铅变成金子是不可能事件。

原子通过原子核外的电子像魔术贴一样相互勾在一起，形成分子。例如，两个氢原子贴在一个氧原子上就会形成水分子（H_2O）。要将一种分子变成另外一种分子，就需要把勾在一起的原子分开，然后用另一种方式重新组合，形成新的分子。这种变化属于化学反应。而如果要把一种元素变成另外一种元素，那就需要进入原子的内部，使原子核发生变化。一会儿你就知道了，这个过程非常难。

原子核包括质子和中子（不过现在我们先忽略中子）。质子带正电，会吸引带负电的电子。原子核外有多少电子取决于原子核内有多少质子，而电子的数量会决定整个原子的化学性质（也就是勾住其他原子的能力）。因此，质子的数量就决定了元素的身份：一个质子的是氢，两个质子的是氦，六个质子的是碳，七个质子的是氮，八个质子的是氧，等等。因此，把一种元素转变为另一种元素，就需要把原子核里的东西拿出一部分之后用另一种方式重新组合。可是，质子的质量大概是电子的 2000 倍（因此更不容易移动），质子之间的距离是电子之间的十万分之一（排列更加紧密），所以要让质子发生变化，需要的能量就得是化学反应的 $2000 \times 100000 = 2$ 亿倍，这种反应属于核物理反应。你可能会说，这没问题，人类现在已经掌握这项技术啦！的确，正是因为这一点，很多人都认为炼金术士的执念终于要梦想成真了。

怎么成真呢？这就需要在放射性上做文章。质子都带有同样的电荷，因此相互之间会发生激烈的排斥。要让它们团结在一起，就需要中子来帮忙。中子不带电，因此既不会吸引谁，也不会排斥谁。但当一个中子与质子或其他中子距离非常非常近的时候，它就会产生非常强的"核"吸引力。我们可以把这样的中子看作黏性非常强的小粒子，它能够把质子都黏在一起。

你可能已经明白了，如果原子核里的中子不够多，那么原子核最终就会分裂。反过来，由于质子只能被它身边的中子所吸引，一旦它的身边全都是中子了，那么多余的中子也就没有用了。更糟糕的是，这样的原子核不仅体积更大，而且也更不稳定。因此如果原子核里中子太多，最终也是会分裂的。无论是哪种情况，不稳定的原子核——也就是放射性的原子核——会释放出多余的质子以及（或者）中子，以达到一种稳定的状态，所谓"稳定的状态"一般就是变成另外一种元素。所以，要想把铅变成黄金，我们"只需要"把一些多余的质子、中子"塞"到铅原子核里，甚至还可以把一些小原子核整个放进去，使铅原子核达到不稳定的状态，然后等待它发生裂变、变出金子就可以了。让我们看看究竟会发生什么。

如果前面的内容你都理解了，你就知道把质子塞进原子核并非易事。目标原子核里所有质子都会排斥外来质子，新的质子需要达到非常高的速度才能冲进去和它们黏在一起，所以除了加速没有别的办法。要知道，全世界能完成这项任务的粒子加速器也就十来台而已。另外，这些机器一次只能发射很少量的质子，就算每一个质子都击中了目标（这几乎是不可能的），变出几克的金子也得几个月的时间！算一算这些机器的运转费用，这种造金子的办法几乎不可能挣钱。但还有更糟的！仔细想想我们就会发现，向铅原子核发射质子，结果只能得到有毒的放射性金属（好在量比较小），而几天后当这些物质回到稳定状态时，大部分仍然是铅。算了，这个方法行不通。

如果我们用粒子加速器向铅原子核发射一些小原子核，我们倒是有可能得到一些金子，不过显而易见的是，这个办法的产量并不会太高。1980年，物理学家、诺贝尔奖得主格伦·西博格（Glenn Seaborg）几乎成功了：他用这个方法生产出了几千个金原子核——还不到10^{-17}克。只不过他的原料是铋原子核，远没有铅原子核那么硬。迄今为止，还没有人照这种方法用铅做出金子来。所以这个方法也行不通。

最后就剩第三个办法了——这也是唯一一个具有可行性的办法，那就是用中子轰击原子核。理论上，标准的核反应堆就是在里面发射大量的中子，所以只要把铅放在反应堆里，几天后就大

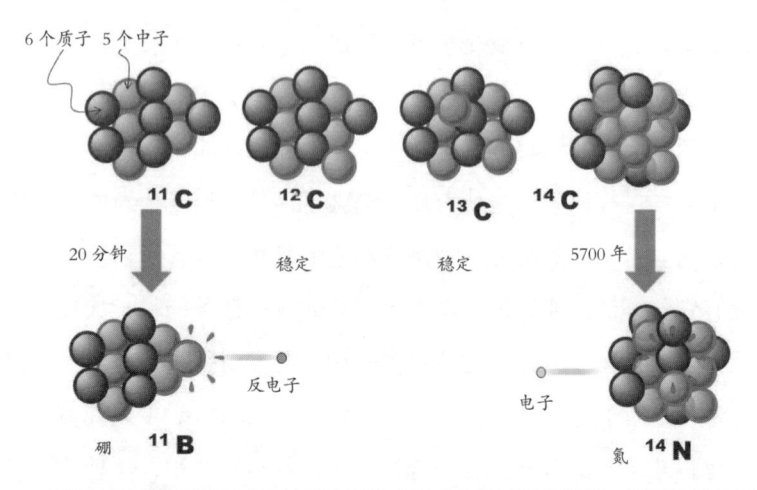

224　假如地球是个甜甜圈　35个看似荒诞的科学问题

6个质子 5个中子

^{11}C　　^{12}C　　^{13}C　　^{14}C

20分钟　　稳定　　稳定　　5700年

反电子　　　　　　　电子

硼　^{11}B　　　　　　　　　氮　^{14}N

原子属于哪种化学元素取决于原子核中带正电的质子的数量，而质子的数量也决定了核外带负电的电子的数量，例如碳原子有6个质子。但原子核里中子的数量既可以多也可以少。我们在化学符号的旁边写上原子核内的粒子总数，这样就可以对质子数相同、中子数不同的同位素进行区分。中子过多或过少的原子是不稳定的，一段时间之后就会转变为其他的元素（比如上图中的氮14和硼11）。

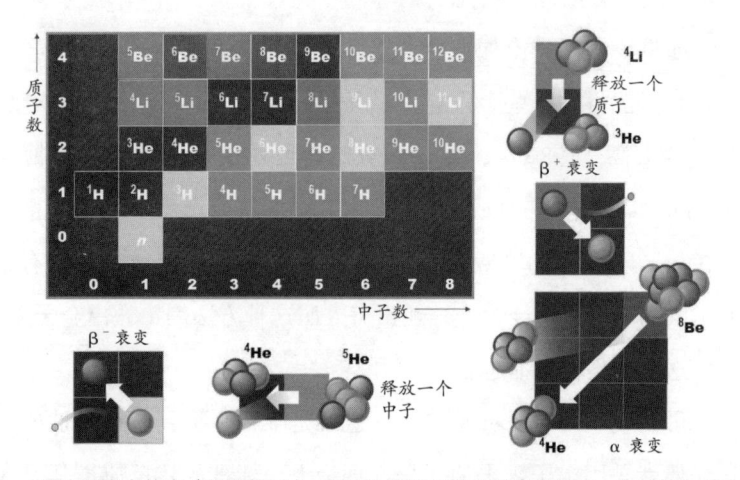

质子数									
4		^{5}Be	^{6}Be	^{7}Be	^{8}Be	^{9}Be	^{10}Be	^{11}Be	^{12}Be
3		^{4}Li	^{5}Li	^{6}Li	^{7}Li	^{8}Li	^{9}Li	^{10}Li	^{11}Li
2		^{3}He	^{4}He	^{5}He	^{6}He	^{7}He	^{8}He	^{9}He	^{10}He
1	^{1}H	^{2}H	^{3}H	^{4}H	^{5}H	^{6}H	^{7}H		
0		n							
	0	1	2	3	4	5	6	7	8

中子数

^{4}Li　释放一个质子　^{3}He

β^+衰变

β^-衰变

^{4}He　^{5}He　释放一个中子

^{8}Be

^{4}He　α衰变

要达到稳定状态（黑色格子），原子核里既不能有过多的质子，也不能有过多的中子。不稳定的原子会分裂出多余的粒子以达到稳定状态。图中不同的颜色代表了不同的裂变方法。质子可以释放出一个带电粒子变成中子（β^+ 衰变），中子也可以反过来变成质子（β^- 衰变）。通过这个方法，一个原子核就变成了相邻对角线方格中的另一个原子核。另一种可能性是，原子核释放一个完整的氦核（即两个质子加两个中子），变成对角线方向向下两格的元素（α 衰变）。

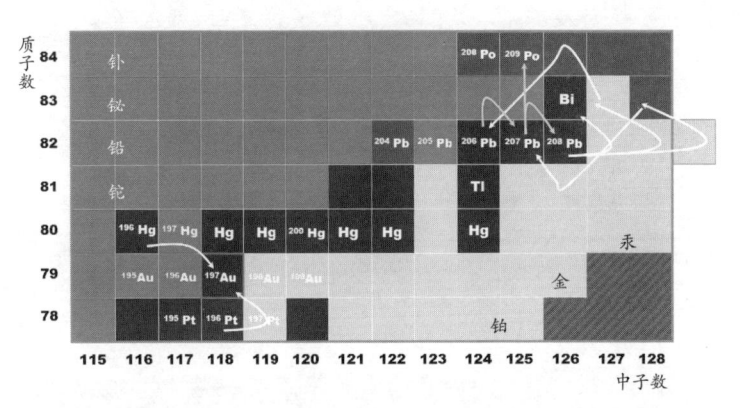

根据上面的规则，我们就可以画出铅原子的路径，我们让它吸收一个或多个中子，或者可以吸收一个质子，然后找出它回到稳定状态时会到达哪里。你会发现，无论怎么走，绝大多数的情况下它最终都会变回铅元素，而绝对不会变成金元素。要想变出金子来，从铂197出发倒是可以，可是铂比黄金还要贵呢。如果完全没有经济头脑的话，我们还可以花大概4000欧元买1千克汞，从里面提取出仅有的1.5克汞196，然后用中子轰击这些汞，最终能够得到1克黄金，大概也就值50欧元。

功告成了。可惜的是，用中子轰击铅原子核并没有什么用。我们虽然会得到一大堆放射性原子核，可是在无数声噼里啪啦之后，当它们重新回到稳定状态，它们又会变成铅。又是铅？没错。还有少量的铋。至于金子，一点都没有。

所以结论就是，无论是过去还是现在，我们都无法把铅变成金子，因为铅实在是太稳定了，不管怎么变，大部分铅最终还是会"不忘初心"！看来，点石成金的神话在古代、现代都只是虚妄的幻想。不过和过去不同的是，今天的人不会再因为勇于尝试而被抓起来活活烧死了。在这一点上，生活在今天可比中世纪的时候好多了！

假如地球不转了

纯属胡思乱想？是的，因为地球不会不转的。但是假如发生了奇迹，地球不再自转，那么我们的世界将超乎你的想象！

在让地球"刹车"之前，我们先得解决一个问题。地球表面的一切都随着地球一起自转，因此它们都以极快的速度一直向东运动（极圈附近的速度为600千米/时，赤道地区为1675千米/时）。如果只把地球停下来，而其他东西都保持常态，那么这些东西就会继续往前冲。这样的话，地球表面的空气就会变成"超音速"狂风，将大大小小的城市变成一片废墟。随后，各个大洋会在大洲上玩起"跳山羊"（太平洋穿过美洲大陆进入大西洋，而大西洋则会扑向欧洲和非洲），这个过程将把城市的废墟清理干净。那么这个章节也就没什么好说的了，女士们先生们，谢谢收看，再见！

所以，如果还想继续探讨地球停转的问题，我们就得假设

已经过了一个星期的上午了，得抓紧时间啦！

不仅地球停止了转动，地球上面包括空气和水在内的一切也都停了下来。这样的话，即将发生的灾难就不会那么惨烈了……咱们一起去看看！

地球停止转动的那天，天上的太阳好像也不动了。事实上，太阳依然在动，只不过速度非常慢，因为地球要用一年的时间才能绕着太阳运行一周。从这一天起，太阳从西边升起，经过六个月的时间划过天空，然后在东边落下，接下来留给人们长达六个月的黑夜。哎唷！如果太阳连续照六个月，那可有点热啊！我们可以试着估算一下。1879 年，奥地利物理学家约瑟夫·斯忒藩（Josef Stefan）发现，所有的发热物体都会发"光"（大地发出的光主要表现为红外线），通过这种方式辐射出的能量与物体本身的热力学温度的 4 次方成正比。根据这条定律，很容易就可以计算出中午的温度：当地面温度足够高的时候，大地就不会再继续升温，而是把来自太阳的热量全部辐射回空气中去，那么赤道附近就会达到……120℃。哎哟，烫死了！那晚上呢？在六个月的漫漫长夜里，大地把之前积累的热量不断释放出来，但是又没有任何补给，所以天快亮的时候温度降至最低——大约是零下140℃。简直不可想象！其实，在月球上，尽管一昼夜没有一年那么长，但是也长达一个月，那里的温差基本上就是这么大（所以说物理学还是相当靠谱的！）。不过地球毕竟跟月球不一样，我们的地球有大气、有海洋，在它们的帮助下，地球上的气候会稍微温和一些：云层可以把一部分热量反射回太空，而进入大气层的那部分热量还会在风和洋流的作用下被分散到地球各处。这该怎么计算呢？

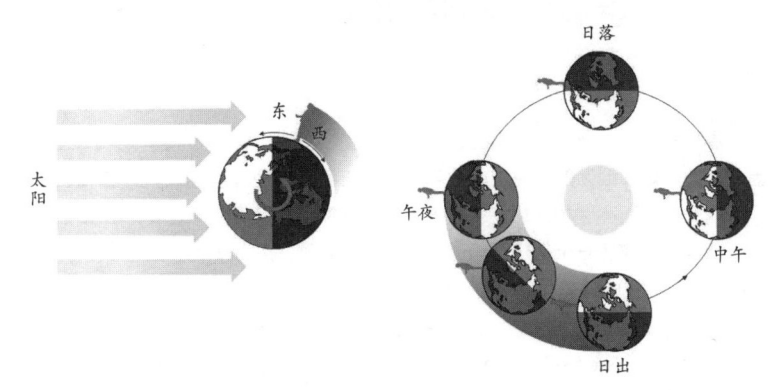

六个月的白昼。当地球自转时，图中面向东方站立的小人会看到太阳每24小时从东方升起一次。现在，地球停止自转，一年只有一个昼夜。随着地球在轨道上绕着太阳运行，被太阳照亮的区域会出现在小人的身后，换句话说，太阳会从西边升起。而要看太阳从东边落山，得等到六个月后！

天文学家从几年前就开始进行类似的研究了，他们想知道如果行星永远以固定角度朝向恒星，那么这样的行星上有没有可能存在生命。他们仍然以类地行星为研究对象，只是这个行星上一半地区永远是白天，另一半永远是黑夜。按理说，这比我们那个不自转的地球还要惨——不自转的地球至少还会有半年一次的昼夜交替呢。可让人意想不到的是，大部分天气模型都表明，即便在这种极端情况下，"昼半球"的平均气温只有40℃，而"夜半球"

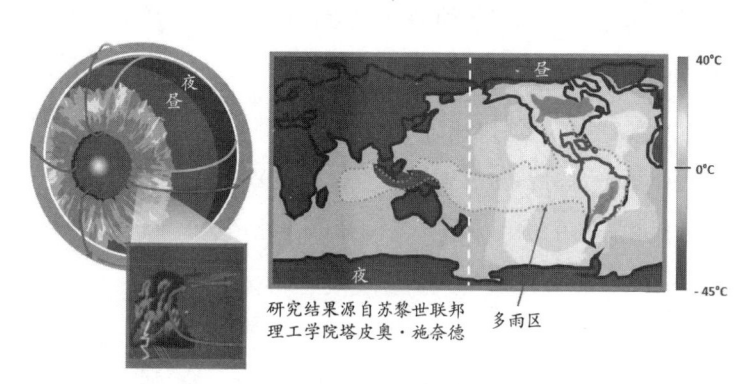

研究结果源自苏黎世联邦
理工学院塔皮奥·施奈德

温和的气候？理论上，在白昼地区，赤道附近受阳光直射的空气会受热上升。因此，处于黑夜地区的冷空气就会沿着地表流向白昼地区，以填补热空气上升后留下的空位。而高空中的热空气接下来就会向黑夜地区移动，以填补冷空气的空位。这样就形成了一个循环。通过空气的不断运动，热量就能够在两个半球之间进行分配，日夜的温差也就不会那么大了。

另外，空气经过海洋上方时还会带走水蒸气。当高度升高，空气的温度逐渐降低，水蒸气凝结，形成能够带来降水的云。这些云——我们将其称为层积云——也会带来风暴。因此在阳光直射的热带地区，应该会产生猛烈的龙卷风。

苏黎世联邦理工学院的塔皮奥·施奈德(Tapio Schneider)模拟了一个永远以同一角度面对太阳的地球（这个地球的气候应该比不自转的地球更恶劣），他得到的结论和我们的推测很像。在他的研究中，太阳永远正对着加拉帕戈斯群岛（图中白色五角星）。但尽管这样，气温也一直保持在40℃至零下45℃，同时海水的流动也使得黑夜半球的大海不会结冰。降雨集中在阳光直射的区域附近，因此乌云也阻挡了热带地区的一部分阳光，对高温起到了一定的缓解作用。

也不会低于零下45℃。这种环境虽然很艰苦，但仍然是可以生存的。是不是长出了一口气？别高兴得太早。地球停止转动还会导致另外一件事，这件事有可能毁掉一切。

经过亿万年的自转，地球在离心力的作用下改变了容貌（车辆转弯时你的身体会被向外甩，这正是离心力的作用）。如今的地球其实并不是一个标准的圆球，而是一个变扁的椭球：地球赤道的直径比两极的距离要大一些。大气和海洋都会受到离心力的作用，这就导致赤道上方和极地上方的"保护垫"厚度相差8千米。但是，当地球停止转动，离心力就会消失，这时的地球会逐渐恢复圆球的形状。

对于岩石来说，这个过程是非常漫长的。每年，全球的地震次数将会稍微多一些，这意味着赤道多出来的岩石开始塌陷，然后在接下来的十亿年里，这些岩石会越来越密实。海洋的变化速度则会非常地快，海水会立即像两极流动，淹没温带地区！整个过程需要多长时间呢？这并不难算。

任何物体从8千米高的斜坡上滚下来到达坡底时的速度都是400千米/时。按这个速度，从赤道到极地的10000千米用25个小时就可以走完。换句话说，指日可待！可以肯定的是，用不了一个星期，洪水就会改变全球的地形，而且绝对不是"微整形"！经过对世界地形数据的深入研究，我们发现北美洲和整个欧亚大陆（从法国到朝鲜半岛）都会被大水淹没，而热带地区的海底则会露出来变成一块超级大陆！从此，地球就像系上了一条腰带，我们姑且叫它"赤道大洲"吧。这个大洲将全世界的海洋一分为

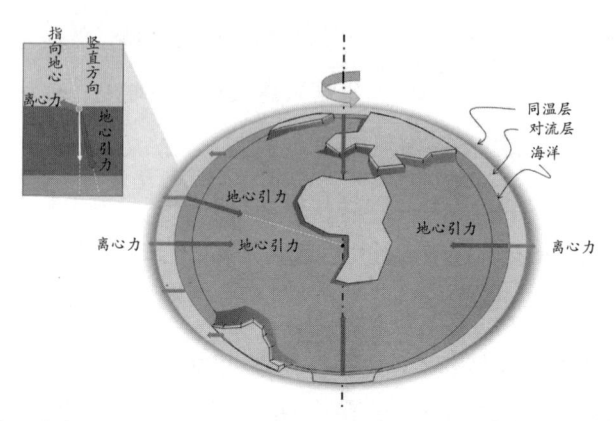

空气和水向两极流动。地球的自转会产生离心力，这股力量使赤道附近的空气和海洋比别的地方更鼓。这是不是意味着船只航行到热带地区时就要翻越"山坡"呢？并不是。大海永远是平的！原因很简单，我们受到的重力是指向地心的地心引力和离心力的合力。因此竖直向下的方向并不是指向地心的，在海上，这个方向总是垂直于海平面。

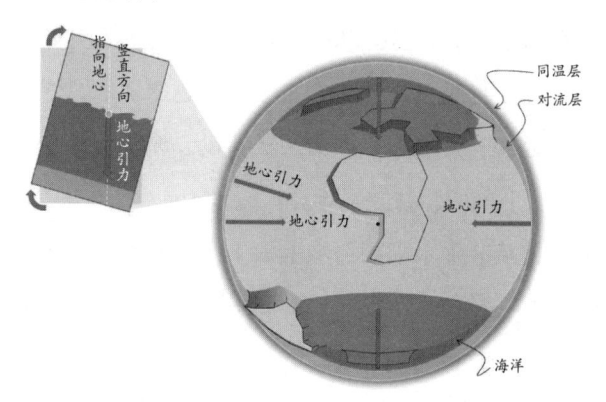

当地球停止自转，离心力就消失了。空气和水会恢复圆球的形状，但是由于赤道地区的陆地依然比别的地方高一些，所以这个区域会露出水面。此时的竖直方向会发生改变，指向地心。而赤道地区凸起的岩石就像山脉一样，上面的水自然就会沿着山脉倾泻而下！你会发现，从这个时候开始，离赤道越近，海拔就越高。而赤道将会位于对流层的顶端（对流层是大气层中密度最大的部分，大部分天气活动都在这里产生）并伸入同温层。

因此，大气中的气流只能向上走，而且在海岸附近就得调头（根本走不到我们上文所说的"太阳直射的区域附近"）。因此，降水和风暴活动会发生在沿海地区。

二，两边的海水互不来往。哇！你一定没想到吧？还不只是这些，因为出于同样的原因，大气也会和海洋一样流向两极。

最终，离两极越远，空气就会越稀薄，和登山的时候一模一样。赤道大洲看起来就像喜马拉雅山一样，是一座巨大的山脉。越往里走，气压下降得越厉害。除了沿海地区，别的地方的空气含氧量都很低，人类是无法生存的！更糟糕的是，赤道上的所有土地，比如非洲和美洲的大高原，还有之前位于大西洋、太平洋下面的海底山脉，几乎都伸入了太空！因此大气和海洋一样，差不多也被一分为二了。这可不是一个好消息：有一个超级大陆挡在中间，空气就难以在冰火两重天的两个半球之间循环流动，因此昼夜温差会比我们之前预想的要严峻得多！（见彩页图"新的世界地图"）

白天，猛烈的暴风雨会出现在"赤道大洲"的边缘。内陆永远不会下雨，那里像撒哈拉沙漠一样干燥。就算在海岸附近，气温也很容易超过50℃甚至60℃！晚上，气温有时会比南极洲还要低，而这种低温会持续数周。更惨的是赤道区，那里几乎没有空气，温差和月球相差无几；气候异常干燥，因为水分在中午就会蒸发掉，而晚上的极寒会把空气中的二氧化碳冻成雪花落在山顶上！

海底的生物应该不会受到太大的影响：它们一直就生活在冰冷黑暗的环境中，所以地球不转了并不会改变它们的生活环境。当然，之前生活在水深3000米的火山源附近的管虫以及甲壳类动物就没那么幸运了，它们并不适应低温。另外，对于那些马上要拥抱大地的海洋动物来说，它们的世界将瞬间天翻地覆！洄游鱼类——某些金枪鱼、青枪鱼以及有能力环游世界的大鲨鱼——大概能够去寻找一个更适于生存的地方（既不太冷也不太热的水域）。但它们都是食肉动物，而它们的美食（小鱼小虾）根本不能像它们一样游到很远的地方去，所以这些生物会饿肚子的！

陆地上的局面比海洋里还要惨烈：脊椎动物可能无一生还（至少野生动物是不可能活下来的），到处就只有昆虫和蜘蛛能活下来了。那植物呢？在靠近海洋的地方，有些小气候还是保留比较完好的，这里的植物有可能会幸免于难，但是数量非常有限。它们最大的问题是如何完成光合作用：原本它们要借助阳光的能量吸收空气中的二氧化碳，为自己提供养料，可是在长达六个月的黑夜里，哪还有阳光供它们用呢？

当然，松树和冷杉这类树木能够在没有阳光的地方存活很长时间（在遥远的北方，有的地方整个冬天都是黑夜，那里就生长着这种树），但是到了白天，这些树又无法适应酷热的天气。不过有一种树例外：美国的巨杉连森林大火都不怕。尽管它不喜欢寒冷的环境，但是有一棵种在波兰的巨杉已经安然度过了数个零下35℃的严冬，另一棵在挪威天寒地冻的莱康厄尔也长得不错。所以，在不转的地球上，一些巨杉是有可能活下来的。由于巨杉的故乡——美国的加利福尼亚州——并不会被大水完全淹没，再加上其他有竞争力的树种都活不下来，大部分高等一些的有花植物也都力不从心，那么最后的结果就是，巨杉将逐渐成为"赤道大洲"北海岸的"霸主"！

在有花植物中，唯一有可能活下来的是景天科酸代谢植物（简写为 CAM 植物），比如长生草，这种植物既可以抗旱，又可以抗寒，此外还有苔藓。苔藓是非常低等的植物，它像海绵一样，只要吸收水分就可以活。即便长时间都暴露在干燥的环境中，只要遇到水，苔藓通常都能"死"而复生。植物的情况就是这样。除了植物，地球上还会长满地衣。地衣并不是植物，而是纤维状的真菌。这些真菌把藻类或微小的细菌紧紧围住，和它们共同协作：真菌负责提供水和无机盐，其他生物则通过光合作用将这些原料变成养分。地衣可以连续数月生活在黑暗的环境中，还能够储存大量的水分，从零下 70℃到零上 70℃都可以生存。总之，在不转的地球上，它们如鱼得水！

散落的巨杉、零星的苔藓、大片的地衣、一个脊椎动物都没有，这个场景难道不会让你想起什么吗？4 亿年前，生命由海洋开始走向陆地时，地球就是这个样子！一切都在情理之中，在地球并不温暖宜居的时候，是它们开启了生命的征程，当地球停转了，自然还得靠它们从头来过！那么现在就只剩最关键的一个问题了，我们人类会怎么样呢？

如果地球变得这么可怕，人类能不能活下来呢？也许吧……但如果是这样，那么全世界只有四个地方有这种可能，那就是"赤道大洲"南北海岸恰好处于阴阳交割时段（黎明或黄昏）的四片区域。这是因为，在海边，就有空气可以呼吸，而且雨水丰富，植被比较茂盛，基本可以满足人们的食物需求；在阴阳交割时段，那么气候就既不太冷也不太热。

问题是，地球的明暗线是变化的。你还记得吗，一个昼夜是一年的时间，也就是说，明暗线一年就要绕地球旋转一周。它的速度有多快呢？这很容易算。赤道大洲北海岸的周长是35000千米，365天走一圈，那么平均每天大概要走100千米。不妙！古罗马军团以行军速度闻名，他们赶着猪、牛、鸡，有的时候还拖家带口，可就算是他们，一天才能步行25千米，急行军也只能达到60千米，这可差得太多了！因此，如果地球不转了，靠两条腿赶路是没法活命的。

这样的话，全世界将出现四列长长的车队，四大游牧民族带

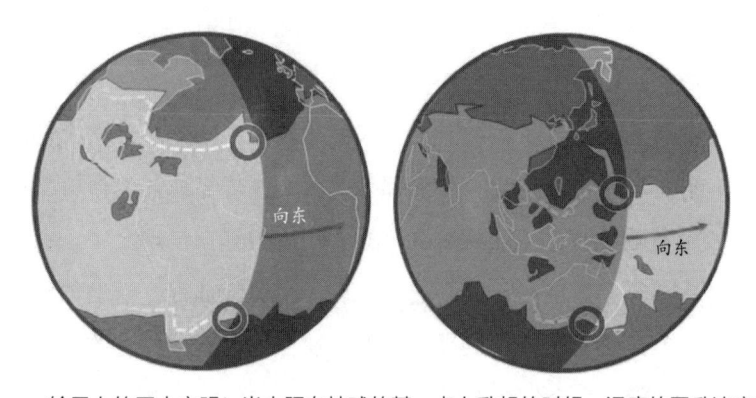

轮子上的四大文明！当太阳在地球的某一点上升起的时候，温度的回升速度是很慢的，因为在很长一段时间（相当于我们现在的十几天），太阳都处于很低的位置（比我们现在日出一个小时之后的位置还要低），因此气温不会升高太多。一两周之后（具体要取决于当地的天气），冰雪融化、地衣返青，就像山上冬去春来时的景象。这个时候，游牧车队就该带着全部家当开过来了。他们可以安营扎寨，放牧牲畜。随着太阳逐渐升高，气温上升，气候在一两周之内就会从和煦的春天变为炎热潮湿的热带夏季。这个时候就又该赶路了，继续向东行进几百千米，天气又会变得凉爽宜人起来。

黄昏时分，世界的另一边也过着相似的生活：太阳落山后，温度也需要几天的时间才能降下来，之后人们就可以享受半个月的好天气了，接着，寒冷的黑夜不再适合人类生存，人们就继续举家东迁。

着各自的家畜和所有必备的生活用品疯狂赶路。在每个半球上都会有要赶在天亮之前离开的"黎明大军"以及不希望见到黑夜的"黄昏行者"……这四个车队还会不时地停下车来安营扎寨,以便补给食物。但时间不等人!他们最多可以停留半个月,等山羊吃够了地衣,就又该上路了!所有人都要一路向东,追寻更适于生存的气候条件。

冷峻荒芜的大地将把四大游牧车队永远地分隔在千里之外。你可以想象一下,要想去大陆的另一边,他们就得穿越5000千米没有水的沙漠、翻过高耸至太空的山峰、忍受120℃的白天和零下140℃的黑夜……话说回来,你觉不觉得,把这个世界拍成科幻电影一定超级棒?

假如一座超级火山明天喷发

人类可能会幸免于难，但代价惨重……

先声明，这种灾难绝对不会隔三岔五地发生。地球上的超级火山有且仅有六座，其中任何一座每一百万年也就真正喷发一两次。所以，在可以预见的未来，人类遭遇超级火山喷发的概率非常小。之所以强调这一点，是因为我们即将描述的这场灾难堪比美国大片，你需要脑补出很多特效才行，而且你得做好心理准备，这个场景惨绝人寰！

首先，火山是怎么喷发的呢？最一开始，在地球深处有一股滚烫的岩石向上升，地理学家将其称作"热点"。一般来说，热点会产生一些流动性非常强的岩浆，这些岩浆能够在凹凸不平的地壳中轻松穿行，开出一条路来，流到地表上面。这就是最不危险的一种火山爆发了：这个过程不会发生任何爆炸，如果你不傻乎乎地站在岩浆流过的地方，就不会发生什么危险。但是，如果这

如果黄石火山喷发，遭殃的远不止周边的野牛。

些岩浆流到了地壳特别厚的陆地下方，问题就来了。岩浆会在地壳下方摊开，就像煤气灶的小火苗一样，形成一个一个的岩浆房，岩浆房里的岩浆会积攒几十万年，越来越多。更糟的是，这些岩浆会将周围的部分岩石熔化掉，硅含量增高（即熔化的玻璃），因此会变得特别黏稠，更不容易流动。随着压力不断增大，地壳下就像有一大桶滚烫的汽水，随时可能冲破盖子喷涌出来⋯⋯

此时此刻，在美国的蒙大拿州和怀俄明州交界处、距离黄石国家公园几千米的地方，这个现象正在发生。地壳下正堆积着5000立方千米的岩浆（相当于20亿个奥运游泳池）。这些岩浆加热了地表附近的地下水，形成了壮观的间歇热喷泉，世界各地的人们纷纷前来观看。想象一下，假如这里像200万年前一样，突然再次喷发⋯⋯我们一起看看将会发生什么。

刚开始和正常的火山喷发没什么区别：岩浆首先通过地壳的

裂缝释放压力。溶解在岩浆中的气体——主要是二氧化碳和水蒸气——形成气泡逐渐膨胀，然后像汽水一样喷涌出来，喷射高度可以达到同温层。最初的这次喷发会将地表的裂缝撕大，因此旁边新形成的豁口就会接着喷发，然后第三个、第四个……最后全军出击：5000平方千米的土地成为火山的世界！整个超级火山的爆炸威力相当于10亿吨TNT，历史上最剧烈的核爆炸也只是它的1/20。1000℃的气流团——"火山碎屑流"——会以动车车头的速度横扫出去。美国的这个地区比较荒凉，面积比法国的大巴黎地区还要大，这里的野牛、熊、驯鹿还有大约7万人都会被焚化，根本不可能活命。历史上从来没有任何一次火山爆发造成过这么多的损失，可这才只是刚刚开始。

超级火山在喷发时会把将近3000立方千米的火山灰喷到大概50千米的高空中，火山灰中掺杂着碎石片，还有即将在空气中凝固的火山熔岩小液滴。要想知道火山灰大概是什么样子，你可以想象一个边长为15千米的水泥块，把这个水泥块打碎，变成像碎玻璃一样锋利的小颗粒，这便和火山灰差不多了。这些火山灰随风飘散，用不了几天就会遍布美国3/4的领土，把成百上千万的屋顶压塌（火山灰落在房顶上就像雪一样松软，但重量却差不多是雪的两倍），污染水库里的水（火山灰中含有酸性的有毒物质，还有氟），大大降低土壤的透气性，还有很多人最害怕的一点——手机也用不成了（火山灰带着静电，会对电子通信设备带来极大的干扰）。面对这一切，数以百万计的美国人纷纷开着车向南逃亡，整个大陆的交通陷入瘫痪。别忘了，北美洲大陆的形状就像一个巨大的沙漏，如果两亿辆车都向南开，那一定会堵得水泄不通！截至此时，超级火山爆发已经造成几十万甚至是几百万人遇难，同时整个美国都停摆了。从这个时候开始，火山爆发的影响就会波及全球。

几天后，欧洲人就会发现，第一，Facebook上不去了（而且整个网络都变得前所未有的难用）；第二，一根法式长棍面包的价格竟然涨到了488.75欧元……没天理了！为什么会这样呢？Facebook以及很多其他网站的数据大部分都储存在加利福尼亚州的设备中。尽管这里并不是受火山影响最严重的地区，但是它的电气系统发生了故障，而备用发电机被火山灰阻塞，也没法工作，所以全世界的网络系统就像破了一个大洞一样！另外，美国的农业生产毁于一旦。全世界1/3的玉米、1/2的大豆、15%的大米或小麦、10%的肉，也就是国际市场1/5的食物都没了。在全球交易市场上，农产品变得异常抢手，价格飙升。2008年，仅仅是交易市场的危机以及小麦价格的小幅增长就让贫困人口濒临绝望：拉丁美洲、非洲、亚洲以及大洋洲的30个国家都因粮食不足发生了多起骚乱事件。而这次，全世界都要拼命了：由于各国的粮食储备有多有少，可每个人都想活下来，所以世界大战一触即发！当天灾变成人祸，遇难人数至少要多一个零……

你举手投降？你想让这一切都停下来？根本不可能！还有将近7万亿吨灰尘没落下来呢！这些灰尘悬浮在高空中，把整个北半球的阳光都挡住了。火山喷发三周后，地球将迎来一个极其漫长的冬天，而冰天雪地就意味着人类很可能一两年内都颗粒无收。

在这种情况下，还会有人活下来吗？

要想知道答案，咱们得先看看人类一共储存了多少玉米。别想错了，我们并不是要给大家准备爆米花，要知道，玉米还可以做沙拉、做墨西哥玉米饼、做意大利玉米粥，可以提炼食用油，更重要的是还能喂鸡、喂牲畜（2/3 的玉米都是用来做饲料的），

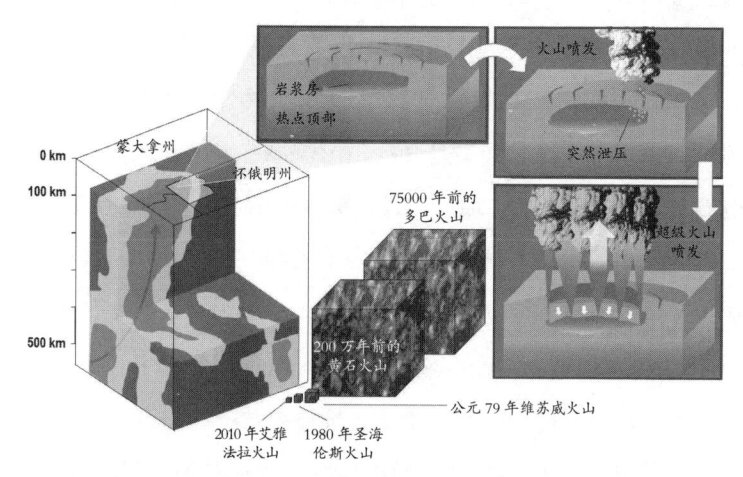

一股滚烫、流动的岩浆从地球深处缓缓上升，来到地壳下方铺展开来。其中一些熔岩继续上升，堆积在边长为几千千米的岩浆房内。

岩浆房渐渐变形，使地壳产生裂缝。

一旦有一股岩浆通过裂缝来到地表，使岩浆突然减压，溶解在岩浆中的气体（主要是二氧化碳、水以及少量的硫酸）就会形成气泡，这时，这些岩浆就像一瓶被摇了半天的汽水突然开了盖：嘭！火山就喷发了。

首先喷发的火山可能会把地壳上另外一些断裂口扯开、破坏岩浆房的房顶。这样，"汽水现象"的规模越来越大，一场普通的火山喷发就演变为超级火山喷发了。当岩浆房内越来越空，"房顶"就会塌陷，形成巨大的火山口，也叫"破火山口"。

因此，超级火山并不会在地球表面形成一座大山，而是会形成一个大坑，同时喷射出超过 1000 立方千米的岩石——具体表现为火山熔岩以及非常多的火山灰，这个量是普通火山的 1000 多倍。

所以通过玉米的储量我们就可以大致估算出人类一共还有多少食物。我们得出的结论是：目前，人类储备的粮食勉强只能支撑72天。因此，满打满算，用不了三个月我们就没吃的了！至少"正常"的饭是没有了。

富裕的国家养了很多的小猫小狗，这些动物能够让人类再撑一个星期。之后就得退而求其次了，地球上的蚂蚁、白蚁、蚯蚓加起来差不多相当于我们的储备肉总量。吃完它们，我们还得再坚持100天左右。要知道，昆虫没了，剩下的动物里最有营养、数量最多的生物……是我们自己。从现在开始，如果你是《行尸走肉》的剧迷，你就可以欢呼了，因为现实生活俨然成了电视剧的翻版，而且还超级冷（别忘了，火山喷发后，我们就一直生活在冰天雪地之中）。

可是，即便有的人真的心狠手辣、甘愿做吃人的"丧尸"，其实还存在一个小问题。假设他们只吃肉，每天需要的肉量是0.5千克，同时每个人身上可以食用的肉大约有25千克（骨头和内脏都不算），那么100天后有多少"丧尸"能活下来呢？答案是，每个活下来的人需要50千克的口粮，也就是吃掉两个人。换句话说，为了不饿死，1/3的人要把另外2/3的人吃掉……

75000年前，人类前脚刚刚走出非洲，轰——印度尼西亚多巴湖的超级火山就喷发了。一些遗传学家猜想，这场灾难的大约5000名幸存者可能是我们所有现代人的祖先，而5000人正是当时总人数的1/3！虽然这只是一个猜想，但是想想我们刚才估算的结果……是不是有种不寒而栗的感觉？

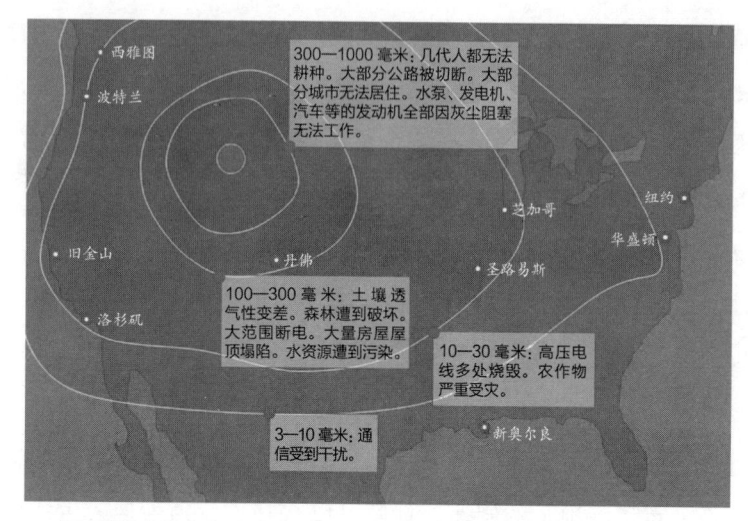

300—1000毫米：几代人都无法耕种。大部分公路被切断。大部分城市无法居住。水泵、发电机、汽车等的发动机全部因灰尘阻塞无法工作。

100—300毫米：土壤透气性变差。森林遭到破坏。大范围断电。大量房屋屋顶塌陷。水资源遭到污染。

10—30毫米：高压电线多处烧毁。农作物严重受灾。

3—10毫米：通信受到干扰。

如果黄石超级火山喷发，美国在几天内就会停摆，其影响将殃及全球。

假如去探索奇形怪状的星球

你以为所有的恒星和行星都是圆滚滚的？才不是呢！宇宙中形状不规则的星球可多了！

2005年，圣诞节刚过去没几天，夏威夷最高峰莫纳克亚天文台的天文学家们发现了一颗矮行星，他们将其命名为妊神星。妊神星不是球形，而是像一个拉长了的药丸，一个超级大的药丸！你可能会说，这大概只不过是一个奇形怪状的小行星或彗核吧。然而并不是！妊神星几乎和冥王星、赛德纳行星以及鸟神星一样大，这三个行星都属于矮行星，都在太阳系同一个遥远的区域运行，而且都是圆的。它们之所以都是圆的，仅仅是因为这三个星球足够大，使星球上所有的物质在重力的作用下都能向球心集中、逐渐被压实。那妊神星为什么就不圆呢？做好准备，你马上就会知道物理学可以有多美……

要形成一个行星，首先当然需要固体。如果你拿起一块石子

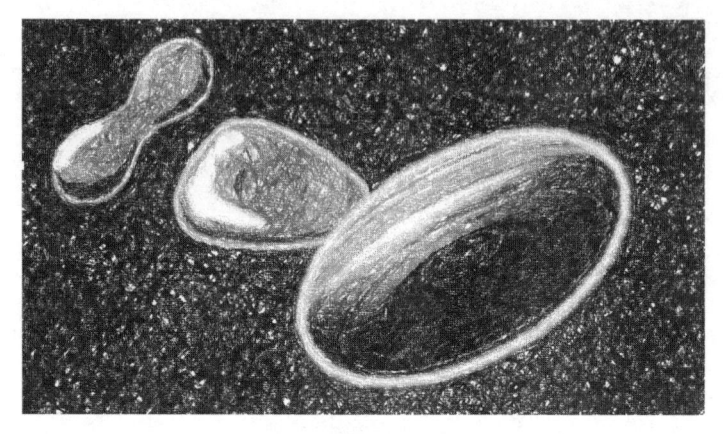

宇宙糖果盒！

试着把它拉成两半，你会发现你做不到。别试了，你的力气变成常人的一千万倍还差不多。但是，在行星内部，引力和压力都非常大，比常人力量的一千万倍还要大几千倍。换句话说，这么大的力可以轻轻松松地把石块一分为二，就像把塑料布上的水滴变成两半一样容易。所以，无论一个星体是像地球这样由岩石构成，还是像冥王星、妊神星一样覆盖着寒冰，抑或是像太阳那样充满灼热的气体，我们都可以用一大滴液体来模拟，只要受力相同，液体能够呈现出什么形状，星球也应该可以呈现出类似的形状。那么都有哪些力呢？

我们刚才提到过引力和压力。引力使物质向球心集中，而压力与引力对着干，不让物体压得太紧。除此之外还有离心力。当你把石子系在绳子的一端，然后拎着另一端让石子转起来的时候，你会感觉到石子受到一个向外的力，而且这个力把绳子抻直了，它就是离心力。具体而言，离心力的大小与石子旋转轨迹的半径及其角速度的平方成正比（角速度即每分钟旋转的圈数）。

我们先拿过来一个不转动的星球：不转动就没有离心力，那么这个星球就是一个非常圆的球形。现在我们用"魔法棒"让它转起来。随着转速不断增大，我们的第一个发现就是，这个星球越来越扁了。这是合乎逻辑的：当赤道地区走完一个大圆的时候，两极附近只需要走完一个小圆，因此赤道上受到的离心力要大得多，自然也就越来越鼓了。当赤道直径大于两极之间的距离，星球的形状就变成了扁球体。随着转速继续增加，这个星球会越来越扁，直到最后变成一个大肉排，甚至是一个大饼。没问题？我们继续。

转到这个程度，一个奇怪的现象出现了：当我们挥动"魔法棒"让星球继续加速转动的时候，它却越转越慢了！咦，这是怎么回事？要想弄清楚这一点，我们得先了解旋转物体的"角动量"。角动量是描述物体转动状态的量。它不仅与转速有关，还与物体内部的物质在转动轴周围的分布情况有关。简单来说，转速越快且离旋转轴越远，角动量就越大。这就是为什么花样滑冰运动员伸开双臂时转速就会变慢、放下双臂转速又会变快。由于他们的角动量不变，所以手臂与身体的距离就与转速成反比，此消彼长。对于我们的星球来说，在"魔法"的作用下，它的角动量不断增加，但星体中的物质被甩得离转动轴越来越远，以至于一段时间之后，增加角动量只能导致星球越来越像一个大煎饼，角速度反而变小了。

你可能会说，"你讲的这些的确都挺有意思，不过说了半天哪有药丸星球的半点影子啊！更别提你题目里写的'奇形怪状'了！"别着急，一会儿就说到了。感谢发现了万有引力的艾萨

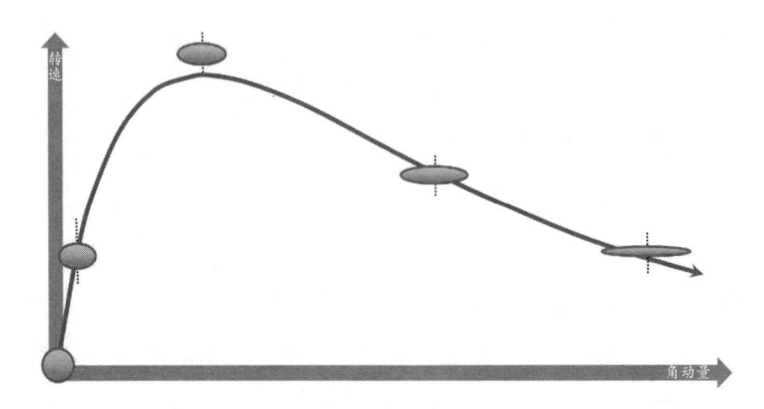

滑冰效应。自转物体的角动量与转速成正比，同时也与物体内部的物质距转动轴的距离成正比。这就是为什么高速旋转的花样滑冰运动员伸开双臂时就会慢下来：要想让角动量不变，那么手臂与身体的距离越大，速度就要越小。同理，如果一个星球的角动量增加、星球内物质在离心力的作用下离球心越来越远、形状变得越来越扁，那么到一定程度，它的转速就会减小。

克·牛顿以及他的苏格兰学生科林·麦克劳林，人类在 300 多年前就知道了自转的星体可以变成扁球形。此后的很长一段时间里，人们都以为研究到这也就到头了。19 世纪 30 年代，天才数学家卡尔·古斯塔夫·雅可比突然发现，如果某个星球的赤道偶然出现了一些凸起，那么这些凸起的运行轨道就应当是一个更大的圆，因此把它们向外拉的离心力也就更大。由此他推导出，当转速超过某个值时，原来的扁球体就会变成……没错，就是妊神星的药丸形状。在他得出结论 170 多年以后，人类才发现了这颗矮星（它的自转速度确实很快，是其他矮星的 4 倍），不得不说，他真是了不起！但是历史并没有止步于此。

顺着雅可比的思路，一代又一代的物理学家预测出了越来越多的星体形状：梨形（由法国数学家亨利·普安卡雷发现）、三角形或方形、花生形、海星形，甚至还有甜甜圈形——也就是救生圈的形状！

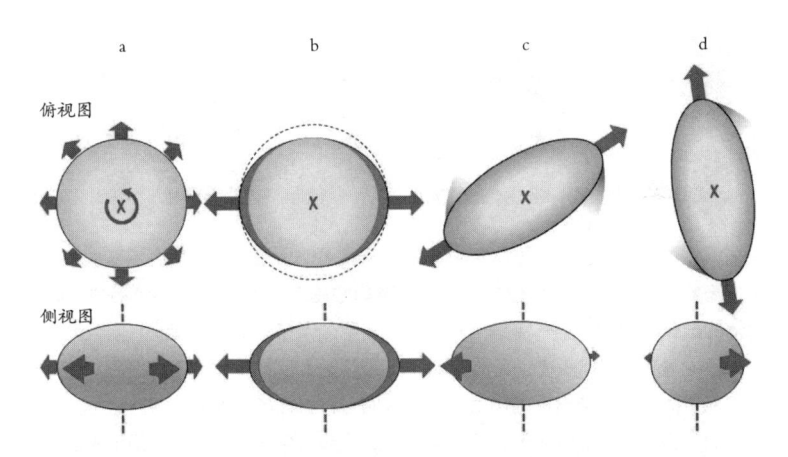

星体如何变成药丸的形状。如果某个行星的自转速度足够快，它就会逐渐变扁，即赤道的直径大于两极的距离（图a）。假设一个星球运行到它附近时产生的潮汐力使它发生了轻微的变形，那么，它的赤道地区在短时间内就会出现两个凸起（图b深色部分）。大部分时候，这种潮汐力导致的凸起会慢慢变平，星体恢复原形，但有的时候，由于这些凸起比星球上的其他部分运行的轨道更大（虚线轨道），因此受到的离心力（箭头）也就更大。物理学家计算发现，如果转速足够快，那么凸起的部分在离心力的作用下就不会变平，而且会继续将星体拉长，最终就会变成药丸的形状（图c、图d）。

你觉得这只是空想？的确，奇形怪状的星球也许真的不多，但妊神星的发现告诉我们，理论研究的结果在大自然中确实有所体现。另外，一些双星或多星构成的形状真的就像海星或花生一样。你觉得这些理由还不够？那我再补充一个。近年来，一些物理学家将小液滴放在磁场中或失重状态下，让其保持悬浮状态，

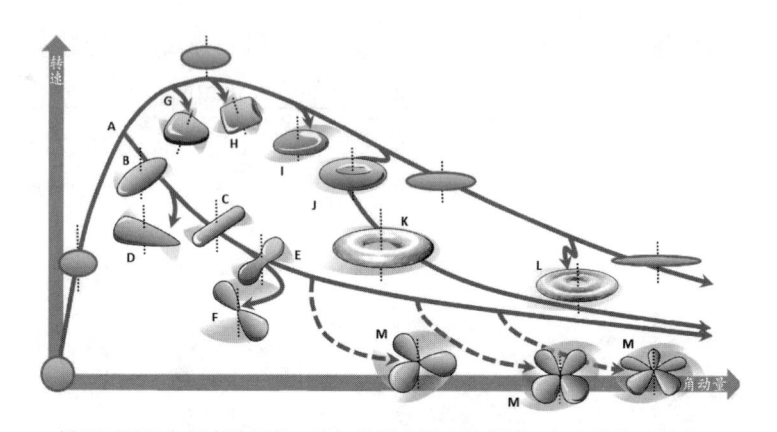

行星可以具有很多种形状。正如数学家雅可比所说，如果转速足够大，那么星体表面的凸起就会在离心力的作用下离球心越来越远。同样，当转速增加时，星体的形状就会面临第一个分岔路口（A）：要么保持球状继续变扁，要么像上一幅图中演示的那样变成"药丸"（B）越来越长（C）。物理学家们顺着这个思路又发现了很多有可能出现的形状。星球表面各种各样的变形让赤道附近形成数量不等的凸起，如果星体的转速足够大，这些凸起就会在离心力的作用下被越拉越远。这样我们就可以得到梨形（D）、花生形（E），极端的情况还可以得到距离很近的双星（F），还有三角形（G）、方形（H），此外还可能一边薄一边厚（I）、中心薄四周厚（J）以及由此最终变成的甜甜圈形（K）、双层游泳圈形（L）……相互围绕旋转且有交点的多星可能会变成有三只、四只或五只"手臂"的海星形状，而且"手"伸得越来越远（人们现在还不知道这样的星体再如何变成其他形状）。

然后高速旋转。这样他们在实验室就可以模拟旋转星球的形成过程了。你猜怎么样？他们真的亲眼看到小液滴变成了方形、三角形或是甜甜圈形！宇宙中的恒星有上千亿个，每个恒星周围都运行着几十颗行星，在这么多行星中，要是一个奇形怪状的都没有，那才不正常呢……你现在一定很想知道这种奇形怪状的星球上会是怎样一番景象吧？好吧，下一章我们就去甜甜圈星球看一看！

假如地球是个甜甜圈

甜甜圈形状的地球会是怎样一番景象呢?

如果你已经读过了上一章,你就明白行星和恒星并不一定都是圆的。理论上,它们的形状可以有很多种:梨形、三角形、方形、花生形、海星形甚至是甜甜圈形。这只是离心力的小把戏罢了。坐车时,如果遇到急转弯,你就会感到好像有一股力把你向外拉,这个力就是离心力。只要一个星体自转的速度足够快,那么离心力就能够把星体上的物质拽得离旋转轴越来越远。举个例子呗?好啊,我大致算了算,如果一个星球和地球差不多大、自转一周的时间在3小时以内,那么它就会变成直径2万千米、厚5000千米的"甜甜圈",中间的大洞大约有3000千米。你也可以把它看作是一个巨大无比的游泳圈。这个星球上的生活会是什么样子呢?走,我们一起去看看。

太阳刚刚升起,闹钟就响了,铃——赶紧起来,这可不是磨

到处都是凸起的山地。

蹭的时候！你匆匆洗了澡、吃过早饭，天就已经大亮了，像是到了中午。你去上班，太阳也在赶路，当你坐进办公室的时候，天黑了！一上午，你会再次经历一轮黎明、黄昏、黑夜，等到太阳再次升起，午饭时间就到了。然后太阳再次落山。下午又是一轮日出日落，天黑的时候下班。回到家，你吃了晚饭，洗漱完毕，天又亮了！天啊，这是什么节奏……你已经明白了，一昼夜的时间变得这么短是因为要保持"甜甜圈"的形状，地球的自转速度必须得特别快才行，现在的一昼夜只有 3 个小时，而不是我们真实生活中的 24 小时了。这是"甜甜圈"世界与我们现实生活的第一个不同之处，但它绝不是唯一一个。

"甜甜圈"星球的形状之所以如此独特是因为它受到了巨大的离心力，其实，这股离心力也会作用在每一个人的身上。在外侧的赤道附近，巨大的离心力会把你往天上拽，因此你受到的重力就只有 0.3g 了。你现在的体重只有平时的 1/3，随便一跳就能跳一米多高，好像到了火星一样。在南北极圈，也就是甜甜圈的顶部，离心力的方向不再继续抵消重力（变为水平方向），但由于你脚下的物质比圆形地球少，所以重力也小于正常情况，只有 2/3g。因此，在"甜甜圈"星球，无论你走到哪儿体重都会比现在轻，但是你去的地方不一样，体重也不一样，有的时候会有一倍的差距！那就赶紧搬到赤道附近去住，这应该没错吧？这可不好说。搬家之前，咱们还是先想想……

  在圆形地球上，赤道附近的空气受阳光照射温度升高，向高空上升。因此，温带地区的空气就得沿着地表向赤道移动，补足缺少的空气。问题是地球的自转会使向赤道移动的空气自东向西偏转，因此热带地区 20 千米/时的信风总是向西吹。在"甜甜圈"星球上也会发生同样的事情，只不过它的转速是正常地球的 12 倍，所以热带地区的信风会达到飓风的威力，速度至少是 20×12=240 千米/时！太可怕了！这么大的风，走路都直不起腰来，哪还能正常生活啊。手里的东西一旦没抓住，被风一吹岂不是就变成杀人不眨眼的子弹了！

  事实上，在"甜甜圈"星球的外侧，几乎处处都刮着狂风，自转周期不到 10 小时的木星就是这种气候。这里的植物不可能长得太高，只要高于灌木丛就会被连根拔起，因此你能够看到的几乎只有小草！好在"甜甜圈"内侧的转速没有那么快，那里靠近旋转轴，比外侧的转速要慢六七倍，因此风应该就没那么大了。走，去那儿看看！

现在，你又进入了黑夜，但是有点奇怪……你向东看去，发现东边没有地平线，远处并不是天际，而是一个巨大的拱形，它一直向上，从你的头顶穿过天空，然后又从西边回到地面！是的，这是一个超级宏伟的"大地之门"——空心另一边的"甜甜圈"就在你的头顶。这个不透明的拱门挡住了恒星的光芒，但仿佛又闪耀着点点星光，你明白了，这根本不是星光，而是对面城市的灯光！

人们可能会以为"甜甜圈"星球的内侧不太会照到阳光，事实上却不一定。如果它的旋转轴和我们的地球一样是倾斜的，那么冬天和夏天，太阳光就会从上方或下方射进来一些，照到"甜甜圈"内侧的某些地方。最终，内侧的赤道地区会发生半年的极夜现象（事实上是春秋各三个月），而冬季、夏季几乎一直都是白天。所以这些地区的日照量和我们地球上的北极圈地区差不多（半年白天，半年黑夜）。这样一来，"甜甜圈星球"内侧的赤道地区就和挪威或加拿大一样冷！

我们再来说下一件怪事。在圆形地球上，如果从一个地方去另一个地方，最短的路径并不是平面地图上连接两点的那条直线（参见"假如朝着伯利恒之星一直走"），古代人可能就是因为这个现象才开始怀疑地球到底是不是平的。然而在"甜甜圈"星球上，情况恰好相反，地图上的直线就是两点之间的最短路径。尽管你抬头就能看见"大地之门"，说明这个星球明明就不是平的，但地图却在反驳你。

正当你仰望着头顶的一盏盏小灯兴奋不已的时候，这些灯突

假如地球是个甜甜圈　　255

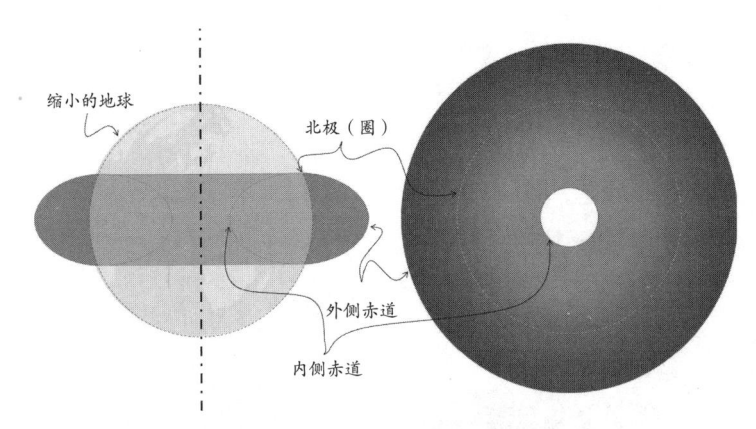

欢迎来到"甜甜圈星球"。如果一个星球的质量和体积与地球（虚线）近似，那么只要它的自转周期不足 3 小时，它就会变成甜甜圈的形状：半径 1 万千米、厚 5000 千米、中间的空心直径 3000 千米。需要注意的是这样的星球会有两条赤道：一条在内侧，一条在外侧。它的两极也不再是两个点了，而是两个圈。

风在吼！在地球上，赤道附近的空气受阳光照射温度升高，向高空运动，留出空位，这时温带地区的冷空气就会向赤道移动，把空位补上（a）。但是在一昼夜的时间内，越靠近两极的地方走过的圆越小（b），即向东运动的速度越慢（例如，赤道地区的速度为 1670 千米/时，而巴黎地区仅为 1180 千米/时）。因此当一股空气向赤道移动时，它的速度与地面速度之差会越来越大，地面相对它是在向东运动。反过来，对于地面上的人来说，风好像是在向西吹（c）。因此，空气中的气流仿佛自东向西呈螺旋形上升下降，热带地区的风速常年都保持在 20 千米/时左右。

如果一个星球的自转速度很快——比如圆形的木星（d）或是我们的"甜甜圈星球"——那么这个星球上两极和赤道的速度就相差得更多了。这里的风非常强劲，热带地区的风速超过 200 千米/时！

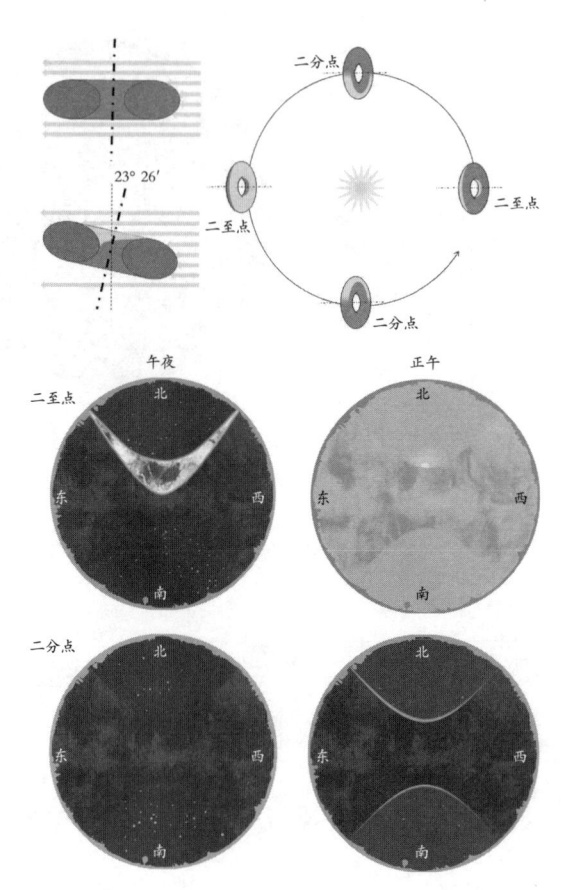

大地之门。如果你住在"甜甜圈星球"的内侧赤道附近,举目望去,你看到的还是"甜甜圈星球"!你的头顶上是星球的另一边,正如图中所示,中间隔着的是"甜甜圈"的空心。(需要注意的是,上图为仰视图,你需要把地图的北边朝北,然后把书举到头顶上看,因此东西方向是反着的。)

午夜时分,你会看到"大地之光",这是因为太阳光照亮了"甜甜圈"内侧的一些地区(此时的太阳在你身后)。被照亮的面积在冬至和夏至时最大,春分和秋分时减小至零。

夜里,"大地之光"会沿着"大地之门"移动,最终照亮你所在的地方。中午,这里的阳光最足,阳光就从你的头顶上方的星球表面擦过。春分和秋分的时候,阳光就照不进来了,你唯一能够看到的光是同温层反射出来的蓝色荧光边。

然一个接着一个地熄灭了。没错，一个巨大的黑色圆球正在从他们面前经过！这是什么意思？难道是飞碟？是不是外星人来了？别慌，只不过是月球要从"甜甜圈"的空心里穿过去而已，不用大惊小怪。事实上，这样的星球完全可能存在轨道从星球内部经过的卫星（可以是自然形成的，也可以是人造的）！所以时不时就会有星球在你的头顶上方上演超低空飞行（当然，这样的卫星得比我们的月球小很多，不然就会卡在"甜甜圈"的空心里）。你以为这样的小卫星就不值一提了吗？才不是呢！就算这种卫星只有我们月球的一半大，它带来的潮汐力也会是月球的200万倍——一下子就能让你从地上飞起来！如此巨大的力量不仅会让海水翻滚，就连土壤和岩石也会被掀起来，最终，巨大的"甜甜圈"有可能在无数次翻江倒海中彻底坍塌，变回球形。所以，我们的结论就是，"甜甜圈"星球也许是个有趣的地方，但是去玩玩就好了，千万不可久留！